リティのある怪談が日々生まれ、新たな展開を見せ始めている（コロナ禍のために延期や中止を余儀なくされている怪談会も、開催が熱望されている）。

このような盛り上がりを見せる[illegible]かれた〈怪談最恐戦２０２０〉。文庫版となる本作には、[illegible]怖を増殖させた今大会から、選りすぐった怪談を収録して[illegible]最恐戦投稿部門〈怪談マンスリーコンテスト〉から優秀作も[illegible]

なお、出場者・大会結果などは[illegible]戦。また今大会から、怪談最恐戦朗読部門も新たに加わり、[illegible]盛況を呈したことも追記したい（結果は同ページ参照）。

恐怖に震えながらお楽しみいただけ[illegible]である。

怪談最恐戦実行委員会

目次

第二章　ファイナル―1回戦・2回戦・決勝戦―

第三章　怪談マンスリーコンテスト―怪談最恐戦投稿部門―……181

一章・二章の収録作はライブで語られたものを原稿に起こし、加筆修正されています。

第一章
予選会
—東京・大阪・不死鳥戦—

大阪予選会：2020年8月16日／大阪ロフトプラスワンWEST

東京予選会：2020年8月23日／LOFT9 Shibuya

不死鳥戦（敗者復活戦）：2020年9月20日／LOFT9 Shibuya

東京予選会

赤い夢

伊山亮吉

ある劇場の舞台監督の方から聞いた話です。

「伊山さん聞いてください」と言うので「どうしたんですか?」と聞くと――。

「この前ね……」

どうやら劇場の仕事が長引いてしまって、終電で帰れなかったそうです。

疲れていてどうしても早く家に帰りたかった、だからちょっとお金を出してタクシーに乗って家に帰ったんです。

家は安いアパートなんですが、そこに着きました。

ガチャッとドアを開けると、真夏だったのでモアアって熱気が籠っている。

涼しくしようとクーラーをつけると、ソファに座り込んだらしいんです。

クーラーで部屋がどんどん涼しくなっていくにつれて、眠くなってきた。

汗をかいているけれど、シャワーは明日でいいや、と思ってソファに座ったまま寝てしまった。

すると変な夢を見たというんです。

自分が真っ赤な世界の住宅地にいるのだそうです。

いろんな人が自分の周囲を行き交っているのだけど、誰もその真っ赤な世界について疑問に思っていない。

なんだこれ？　と思いながら歩いていると、公園があった。

見ると、子供がたくさん遊んでいる。

すると一人の子供が突然こちらをパッと見て、

「あそぼ！　あそぼ！　あそぼ！」

と言いながら近寄ってきた。

ギョッとしたそうです。

だってその子、真っ赤な世界でもはっきりわかるぐらい血だらけだった。

「あそぼ！　あそぼ！　あそぼ！」

その子供が自分に向かってどんどん駆け寄ってくる。

怖くて動けなくなった。

「あそぼ！　あそぼ！　あそぼ！」

近づいてきた子供は、自分のことをギューと抱きしめた。

その瞬間、パチっと目が覚めた。

まるで意識が切り替わったみたいだったそうです。さっきまで真っ赤な世界にいて、急に部屋に戻った感じだった。

（なんだったんだあれ？）

そう思っていると、ソファに座っている体が突然、グッと動かなくなった。

金縛りです。動けない……すると、玄関の鍵を閉めたはずなのに、ドアがガチャッと開く音がする。

えっ？　と音の方に向こうとしても、金縛りだから動けない。

そうしているうちに、小さな足音がトットットットッとやってくる。

あっ！　直感でわかった。

あの夢の子供だ！

必死に心の中で、

（ごめん！　遊べない！　遊べない、遊べないから）

必死でそう念じていると、足音はゆっくりとドアのほうに戻っていき、ガチャンとドアが閉まった。

その瞬間、体の金縛りが解けた。

「こんな夢を見たんです」


その方の話を聞いて、僕はびっくりしました。

なぜならば、三日前に、ある怪談ライブに来ていた女性のお客様から「伊山さん、聞いてください」と話しかけられたんですが――。


その女性は実家暮らしなんですが、ある夜、自分の部屋でベッドで寝ていたら――

「妙な夢を見たんですよ。自分が、真っ赤な世界の、病院にいる」

なんだこれ？　と思って見回すけれど、病院にはたくさんの人がいるけど、誰も
真っ赤な世界について疑問に思っていない。

ええ？　と思っていると突然、廊下の奥から血だらけの子供が出てきて、こっちに

向かって「あそぼ！　あそぼ！　あそぼ！」と言いながら走ってくる。

怖くて動けずにいると、どんどん近寄ってくる。

「あそぼ！　あそぼ！　あそぼ！」

そしてその子供に、ギュッと抱きしめられた。

「目が覚めたんです。ただ、目が覚めた瞬間、体動かなくなっちゃって……」

金縛りなんですよね。なにこれ、なにこれ？　と思っていると、自分の部屋のドアがガチャと開く音がする。

そして、トットットッと足音がする。

あぁ、さっきの子供だ……と思って、

(ごめん、遊べない、遊べない、遊べない、遊べないんだ！)

そう必死に念じていると、そのままゆっくりと戻っていった。

「こんな夢見たんです」

という話を、三日前に聞いたばっかりだったんですよね。

もちろんこの二人は、まったく縁もゆかりもない。だから、どういう状況や条件があれば、こんな夢を見ることができるのかわからない。

でも、もしかしたら――。

わからないからこそ、その夢、今夜にでも自分が見るかもしれない……。

東京予選会

笑う男

夜馬裕

「笑顔は嫌いなんで、絶対に笑わないで聞いてください……」

そう語り始めたのは五条さんという三十代の男性。

ある朝、仕事に行こうとして玄関の扉を開けると、少し離れた場所に、満面の笑顔を浮かべた男が立っていた。

誰だこいつ？　と不審に感じていると、男は目の前でスウっと消えてしまった。

最近忙しくて疲れているから、朝から変な幻覚を見てしまった、とその時は思ったのだが、翌日も、またその翌日も、毎日玄関の扉を開けると笑顔の男が立っていて、五条さんが見るとスウッと消える。

しかもその男、扉を開けるたびに、少しずつ玄関に近づいて来ているようなのだ。

とても気味が悪いものの、男があまりにもニコニコと笑顔なので、なんだか怖さも半減するうえに、毎日のことで慣れてしまった。

ある朝、玄関の扉をまたガチャッと開けると、男はもうすぐ目の前に立っていた。さすがに驚いて後ずさると、男は笑顔のまま、滑るように部屋の中へ入って来ると、また姿をスウッと消した。

家の中に入ったからなのか、もう翌日から男が玄関の前に立つことはなかった。

これを面白い出来事として、冗談めかしてSNSに書いたところ、地元で昔から仲良くしている友人から電話があって、

「なあ、実は俺のところにも、笑顔の男が来るんだよ」

という。そして彼は続けた。

「おまえ、顔を忘れてるみたいだけど、あいつな、俺達が高校の頃にずっといじめていて、最後に自殺しちゃった八木君だぞ」

確かにそんな同級生がいたのは覚えているが、高校を卒業して地元を出てから十数年が経つので、記憶もすっかり薄れている。

「いったい、なんで今頃？」と疑問を口にすると、

「おまえさ、この前のお盆休みに帰省しただろ。あの時、俺ら二人で中華食いに行っ

たけど、後で調べたらあの店、自殺しちゃった八木君の両親がやってる店だったんだ。お盆なんかにあいつの実家に行ったから、俺たち見つけられちゃって、ずっと憑いてこられてるんじゃないかな」

　と友人はいう。

「だけどさ、あいつニッコニコの笑顔だろ。絶対に恨んで出てきてるんじゃないよ」

と五條さんが気楽な口調で答えると、

「おまえ、本当に何も覚えてないんだな」

　と友人はあきれ声になった。

「あいつ無表情で暗かったから、俺たちがある時〝おまえ今日から笑顔以外は禁止な〟と言って、学校にいる間ずっと、強制的に笑顔にさせていたのを忘れたのか？　俺たちに殴られてる時もずっと笑顔のまんまでさ——。きっと内心は恨んでたり怒ったりしていたはずなのに、笑顔になること以外を許されないまま、最後には自殺しちゃっただろ。そんな八木君が、俺たちの前に満面の笑顔で出てくるんだったら、きっとものすごく怒ってるんじゃないかな」

　そう言って友人は電話を切った。

その連絡をしてからひと月も経たないうちに、友人は亡くなってしまった。横断歩道で信号待ちをしている時、突然、周囲の人間に向かって「笑うな、笑うな」と叫ぶと、横断歩道が赤信号にもかかわらず、車が行き交う国道に飛び出して、跳ねられて事故死したという。

「でも今になると死んだ友達の気持ちがよくわかる。家の中に入って来たのがまずかったのかな、本格的に取り憑かれたみたいで、もう誰が笑っても、すべて八木君の顔にしか見えないんだよ。すべての人の笑顔が、八木君の笑顔に見えるから、怖くてとても家を出られない。どうすればいいんでしょう……」

そう話し終えた後、突然、五条さんは私に向かって怒り出した。

「だから笑わないでくれって言っただろう！　どうしてこの話をすると、どいつもこいつもみんな笑うんだ！」

と叫びながら、話を聞いていた喫茶店のテーブルをバンと叩き、そのまま立ち上がって、私を睨みつけながら店を出てしまった。

笑ったつもりなどまったくないので、突然の怒りに驚いて唖然としてしまったが、窓際に座っていたので、ふと横の窓ガラスを見ると、そこにはいつの間にか、満面の笑顔を浮かべる私が映っていた。

五条さん、今でも健在だとよいのですが、それにしても、人の笑顔が恐ろしくなるというのは、もしかすると命を取られるより、恐ろしい呪いなのかもしれません。

東京予選会

癖の真実

匠平

　これは、癖や動きにまつわる話なんです。

　人が無意識でする動きっていろいろあると思うんですけども、Tさんという女性がおります。このTさんは、すごい霊感の強い方でして、彼女が幼稚園に通っていた頃に体験したという話です。

　Tさん、霊感っていうものが強くて、変な体験をたくさんしている。そういうこともあるからか、あまり友達とかができないタイプだったそうです。

　幼稚園に行っても、グラウンドの隅に小屋が一つあったそうですが、いつもそこを秘密基地として一人で遊んでいた。

　この小屋は物置みたいなものでして、例えば大縄跳びや旗など運動会で使うような道具を仕舞っている場所なんです。

Tさんは、その日もその小屋に一人で入りこんで、何をしようかなとあたりを見まわしていると、今まで気が付かなかった平均台を見つけた。

あ、こんなのあったんだと思って、Tさん平均台の上にパッと座る。じゃあ何をしようかなと考え直している時に、左手側に何かが見えた。

フッと左側を見ると、白髪の着物を着たお婆さんが下を向いて座っている。

いつの間に？　と思いながら様子をうかがっていると、そのお婆さんが呟いている。

なんて言っているんだろう？

聞き耳を立てると、お婆さんの声が聞こえてきた。

「かわいそう、かわいそう」

Tさんはこれを聞いた途端「怖い」なんて一瞬も思わなかった。

むしろ、一人ぼっちの私を「かわいそう」と言ってくれる優しい人なんだ。仲良くなりたい――。

仲良くなるために、何か話しかけようと思ったその時「キンコンカンコン」と教室に戻るチャイムが鳴ったので「ごめんね、おばあさん」と平均台を下りて小屋を出ようとした。

その瞬間、お婆さんの姿は見えなくなってしまった――。

Tさんは、このお婆さんが不思議な存在だというのは理解していました。

なんでかと言うと、自分が平均台に座った瞬間に現れて、下りた瞬間にいなくなっているわけですから。

でもTさんは昔からそういう体験をしているので、あまり気にすることもなく、次の日もいつもどおりその小屋に行くんです。

そして平均台に座ると俯いたお婆さんが現れて言う。

「かわいそう、かわいそう」

Tさんは「かわいそう」しか言葉を発しないお婆さんに何かしら話しかけるものの、返事はない。

人ではないであろう謎のお婆さん。しかし、誰かがいるという環境が居心地よかったそうで、Tさんは小屋にそれからも何度も何度も入り込んでいた。

一ヵ月ほど経った頃、一歳上の年長さんに仲のいい男の子がいたんですが、その男の子に「私の秘密基地があるんだよ」と言うと男の子は「行ってみたい」と言う。

その小屋に初めて、自分以外の人を連れて行ったんです。

Tさんは「そうだ、お婆さんにも紹介しよう」と思ったため、

「ねぇねぇねぇ、あのさ、その平均台に座ってみて」

と言うと、男の子は「うん、いいよ」と平均台の真ん中に座った。

すると、いつも通り俯いたお婆さんがうわっと現れた瞬間、男の子が突然泣き出した。

「なんでだろう、こわいこわいこわい」

そう言って、震えながらわんわんと泣いている。

その様子を見る限り、お婆さんのことは見えていないよう。

Tさんは、どうしようと思ううちに、なんでそんな行動を取ったのかいまだにわからないそうですが、小屋に落ちていた棒を拾い上げると男の子の頭をボンッと殴った。

男の子を殴った瞬間、いつも聞こえていたお婆さんの「かわいそう、かわいそう」という声が聞こえなくなった。

男の子はまだ平均台に座っていて、お婆さんの姿も視界の端に見えている。

お婆さんの方をしっかりと見たら、いつも俯いていたお婆さんが顔を上げてTさんのことをジーっと見つめているんです。

その状態で滑るようにTさんの方へと向かってきて――。

……ここまで話したTさんは、ふいに言葉を詰まらせた。

「向かってきて、どうしたんですか？」

そう問いかけた僕にTさんは、

「あの、お婆さんの顔が私の顔の真ん前に来て――死ねって言ったんですよ。私、人に悪意を持って死ねって言われたの、それが初めてで、びっくりして。手に持っていた棒でお婆さんの頭を殴ったら、そのお婆さん、いなくなって……」

僕は、Tさんの様子を見ていて、妙な違和感を覚えた。

「あの――死ねって言われただけですか？」

「はい、そうですけど何か？」

「いやあの、間違っていたらごめんなさい。死ねって言われながら、お婆さんに首を絞められてますよね？」

「え！　なんでわかったんですか？」

Tさんは一瞬目を見開いた後、真顔になってうなずいた。

「Tさん、過去のことを思い出しながらしゃべる時に、けっこう身振り手振りが大きいんですよ。当時の動きを再現してると思うんですけど、そんな中、お婆さんに『死ね』って言われた時のお話をしている時に首をしょっちゅう触っていたんで、なにかあるんじゃないかなと思って……」

僕はそう話した。

「ああ――無意識に動いてたんですね。そうなんです、私、お婆さんに死ねって言われた後、首をグーっと絞められて。でも不思議なもんですよね、あの冷たい手の感触をいまだに忘れられなくって――どこかで追い求めてるんですよ。また絞めてくれないかなって――」

そう言いながらTさん、自分で自分の首に両手を回して遠い目をするんです。

これからも、人と話す機会、人が話しているところを見る機会があると思うのですが、その動きに注目するとなにか――真実が見えるかもしれません。

東京予選会

彼女の願い

シークエンスはやとも

僕は小学校三年生の時に、ある殺人事件を見たのをきっかけに幽霊が見えるような人生を送っているんです。

父親譲りの霊感で、怖く見えるというよりはポップに見えていて、お化けがいたら「怖い」というよりは「ああ、こんにちは」くらいの感じなんですね。

でも、見えるからといってそんなポップな話ばかりじゃなく、ちょっと辛かったりしたことがありました。その話になります。

数年前になるんですが、元同級生の僕の友達が、当時、彼女と同棲をしていました。楽しい同棲生活になるはずだったんですけど、彼女が難病持ちだったんです。重たい病気だったんですが、闘病しながら一緒に一生懸命楽しく生活してたんですが、病に勝てなくて彼女が亡くなってしまいました。

僕は、お焼香を上げるのと彼を元気づけようという意味で、彼が彼女と住んでいた家に行った。扉をガチャッと開けて僕を迎えてくれた彼は、元気がなかった。

そりゃそうですよね、彼女が亡くなっちゃってしまったのだから。

「大丈夫か？　――大丈夫なわけねえよな」

そう言う僕に彼は、寂しそうに応える。

「こんなにすぐ死ぬとは思わなくってさ、俺も」

「まあ、そうだよなあ」

ずっと彼の背中をさすって元気づけてたんですけど――。

一つね、気になることがあったんです。

部屋にはダブルベッドが置いてあった。二人で使っていたそのベットの上に、亡くなった彼女があぐらをかいて、ニコニコ笑いながら揺れている。

そして彼のことを一直線に見ながら言っているんです。

「いつ死ぬのー？」

えー？　と思って僕は自分の耳を疑った。

そんなことを言うか？　と思ったんですけど、

「いつ死ぬのー？　いつ死ぬのー？」

ずうっと言っている。

でもそれを、そのまま彼に伝えるわけにいかない、彼女がこう言ってるぞって。

なのでそれを言わずに「まあ元気出せ、一緒に乗り越えような」と慰めた。

彼も「ありがとう」と言い、その日は帰ったんです。

でもやっぱり、すごく引っかかったんです、彼にそんなことを言うかなと思って。

亡くなった彼女は、すごくいい子だった。僕もよく知っていた子だったから――。

それから一週間ほど経って、また彼の家に行くことにした。電話をして「今から行っていいか」と訊いたうえで。

その日、ドアを開けて出てきた彼には、少し生気が戻っていた。少しだけど、顔色も戻っていて元気になっていた。部屋の中に入ると、

「俺も仕事を始めなきゃいけないし、彼女も俺がくよくよしてんのあんまりいいと思ってないと思うんだよ。だから、もう一回俺、頑張ろうと思ってる」

そう彼は言い、ちょっとは前向きになれたのかなと思って僕も安心した。

「まあそうだよ。おまえ頑張ったほうがいいよ。俺もずっと支えるからさあ」

そんな話をしていたんですけど、やっぱり気になるんですよ。

ダブルベッドの上にあぐらをかいた彼女がまだいる。しかも、一週間前と違って、今日は笑っていない。真顔になっているんです。

「いつ死ぬの？　いつ死ぬの？　いつ死ぬの？」

ずうっと言っているので、彼にどう伝えようかと考えて訊いてみた。

「おまえさ、あの子が生きてた時に、おまえが死んだら俺も死ぬよみたいなこと、言った？」

彼は急に暗い顔になって、泣きそうになりながら、

「確かに、おまえが死んだら俺も死ぬみたいなこと言ったことあるよ。でも、こんなに早く死ぬとは思わなかったし、俺さあ、本当にずっと好きだったんだよ。そんくらいの思いで看病してたんだよ」

と言う。

「やっぱり俺、死にきれなくてさ」

「でも〝おまえが死んだら俺も死ぬ〟みたいなこと言ったんだな？」

と再度確認をしたら、

「――うん。言った」

そう彼が言った瞬間に、

「ねえ、いつ死ぬの？　いつ死ぬの？　ねえ、死んでよ！」

ベッドの上にいた彼女の形相が鬼のように変わり、彼の方へと覆いかぶさってきた。

うわっと思ったら、目の前にいた彼が急に倒れて痙攣《けいれん》し始めた。

これはやばいと思って慌てて救急車を呼んで、病院に搬送してもらった。結果、彼は一命を取り留めた。

彼の容態が安定したので、その後、僕だけで彼の家に戻ったんです。

彼女はもうどこにもいませんでした。


誰も悪くないんです。

彼女のことを「こいつが元気になったらいいな」と彼は思いやり、彼女も「私にはこんな素敵な彼がついてる、だから元気に頑張ろう」という思いだったんです。

でも彼女は「ついてきてくれる」という彼の優しさに甘えてしまった。

死んでもついてきてくれるだろう、と。
見えすぎるというのも切ないものだな、と感じた話でした。

東京予選会

ライターの記憶

宮代あきら

吉田さんという男性から聞いたお話です。

約十五年前、吉田さん、当時は三十代前半。

とある駅でタバコを吸おうと喫煙所に行ったが、ライターを持っていないことに気がついた。

しまったと思っていると、テーブルの上に使い捨てライターが置いてある。

拝借し火を点ける。無事タバコを吸い終わると、電車に乗り込んだ。

目的の駅に着いた時、ズボンのポケットで携帯電話のバイブがヴーヴーと鳴った。

誰からの電話だろう？　とポケットを探るが、そこに携帯電話はない。

いや、携帯電話なら胸ポケットにある。

じゃあなんだこれ？

取り出してみると、駅で拝借したあの使い捨てライターだった。このライターには一つ特徴があり、お店の名前が書かれている。

「スナックゆかり」

あれ？　持って帰ってきちゃったのかな？　とライターを見るが、ただのライターなので鳴りようがない。

だから、気のせいかなとその時は思った。


次の日の夕方、休日で家にいると、テーブルの上で何かがカタカタカタカタと鳴った。見ると、あの使い捨てライター。

ん？　と思ってライターを手で握る。と、その瞬間、部屋の空気が変わった。

そして頭の中に直接、あるイメージがドドドドドドドと流れ込んできた。

赤い服を着た女の人がしくしくしくしくと泣いていて、それに対して男の人がすごい勢いで怒鳴っている。

え、何これ？　と思っていると、今度はイメージじゃなく、本当に部屋の中から泣き声が聞こえてきた。

声のする方を見ると、女が立っている。

赤い服を着た女が、吉田さんをジーっと見ながら立っている。

あまりのことに、声にならない叫びが漏れた。吉田さん、動けない。

その女が何か言おうと口を開くのが見えた。その瞬間に「うわーっ！」とやっと声を出すことができた。

すると女は消え、部屋の空気は元に戻った。

なんなんだ今のは？　と思うと同時に、どうにも不思議なのだけれど、今見た女を「助けなければいけない、助けたい！」という気持ちになった。

ライターには電話番号が書いてある。

すぐにかけてみた。

「現在使われておりません」

それを聞いても、いてもたってもいられない。

住所も書いてあったので、吉田さんは実際に行ってみることにした。

そこは寂れた商店街の一角で、着いてみるとお店はあるが、店名が違う。

「スナックゆかり」とは別の名前が書いてあった。

周囲にそれらしいお店もないので、そこに入ってみた。

カウンターしかない小さなスナックで、時間も早いからか誰もお客さんはいない。

四十歳ぐらいのママがカウンターに立っていて、お酒を頼むと「今日はお仕事帰りですか?」と聞いてきた。

吉田さんは持っていたライターを見せて、自分が見たものを話してみた。

すると女性は「ああ」と言い、戸棚から一枚の写真を取り出した。

「この人のことですよね?」

見ると、確かにあのイメージで見た、赤い服を着た女性だった。

ママは続けて教えてくれた。

「そのライターはね、一つ前のお店のね。で、この写真はそのお店のママね。いや、私も働いてたんだけど、ママね、すごい借金作っちゃって取り立てもきつくてね、ある日、行方不明になっちゃった。連絡も取れないのよね」

ここまで聞いて、吉田さん少し疑問に思った。

ライターを見せただけで、なんでこんなに教えてくれるんだろうって。

すると、その表情を見てか、ママがちょっと困ったような顔をして言った。

「いやね、そのライター持ってこのお店に来るの、あなたで三人目なのよ」

この話をしてくれた吉田さんは最後に僕に、

「宮代さん、あのイメージってなんなんですかね。僕はSOSだと思ったんですけど、もうたぶん手遅れなんでしょうね」

そうおっしゃっていました。

東京予選会

すれちがい

ガンジー横須賀

この話は今から十年ほど前のことですが、私が火葬場で働いていた時の実体験です。

私が働いていた火葬場はＩ県のＯ町にあるんですが、ここは漁師町なんですね。

毎日船が海に漁に出て、そうやって生活している、そんな町なんです。

ある日、一隻の船が漁に出て帰ってこないということがあった。

水難事故に遭ってしまった。船の乗組員十五人、たぶん遠洋漁業に行ったと思うのですが、全員亡くなってしまった。

不幸中の幸いと言いますか、普通は見つからないことが多いのですが、全員の遺体が見つかったんです。

そしてその十五人分のご遺体を火葬してくれないかという依頼を受けたんですね。

ところが、こんな大人数を一度に火葬することなどなかったので、てんやわんやになった。

遺体を安置する冷蔵庫のようなものがあるのですが、それも五体分しか用意できない。どうしようかなぁとなった時に、同僚の川上さんが、

「おまえ、魚市場でちょっと直談判してこい」

なんて、とんでもないこと言うんです。でまあ、私が行かされて直談判して、それがけっこうすんなりOKをもらえたんですよ。

何がかというと、魚を冷凍するところにご遺体を少しの間置かせていただくということなんです。

魚市場と漁師さん、けっこう関係性がよくて、義理とかもあったのかもしれないですが、OKということで魚を冷凍するところにご遺体を安置して、よし仕事しようと思った時、もう一つ問題が出てきた。

あんまり言いたくはないのですが、水難事故に遭ったご遺体は、ちょっと傷んでる状態――グロテスクなんですね。

それを見た身内の方が、認めたくないのか「これ、うちの主人じゃないです」「うちの父じゃないです」みたいな拒否をし始めた。

どうしようと思っても、とりあえず火葬の仕事をしないといけないので、ご遺体を遺骨にした。

しかし、五体分の遺骨は遺族に納骨できたものの、十体分が余ってしまった。

結局「火葬場で一週間くらい預かってくれないか」ということになった。

お寺に預ければいいと思うのだけれど、どんな事情があったのかはわかりませんが、火葬場の事務所に十体分の遺骨が置かれることになった。

パソコンで事務作業している横に骨壷が並んでいる、そんな状態で仕事をしていて、体がなんだかだいぶ重いなあと思っていた。

家に帰っても寝ても体が重い、それでも翌朝には仕事に行かないといけない。

その朝、職場に向かった。途中、ちょっとした小道なのですが近道があり、いつもそこを通るのだけれど、その日、向こうから一人の恰幅のいい、短髪色黒の男性が歩いてくる。

火葬場へ続くこの小道で、火葬場の方から歩いてくる人に会うことなんて初めてのことだった。

しかも人一人が通れるくらいの道ですから、すれ違う時にはお互いに横向きになって相手をかわさなきゃいけない。

そうしてすれ違って、軽く会釈して私は火葬場に向かって歩いていたのですが、後ろから何か視線を感じる。なんだか怖いなあとその時は思ったのですが、気にしなかった。

その次の日も出勤のためにそこを歩いていたら、またあの男の人が向こうから来る。直感的に、この世のものじゃないなと思ったんです。朝方から出るものなんだ、どうしよう、なんて思って。

それでまた、ギリギリですれ違ってそのまま歩くと……視線を感じるので、これは振り向いて見てやろうと思って振り向いた。

そうしたら、その男性は私とすれ違った後、まだ横向きになって歩いている。

おおお、この人、何やってんだ、そう言おうとした瞬間、その人が、

「おい、にいちゃん、いったい朝から何人の人、引き連れてんだ」

と言うんです。

この人がやばいんじゃなくて、私がやばかったんですね――。

東京予選会

三年後

女子高生怪談師あみ

これは私が高校一年生の頃のお話です。

私と友人のエリカちゃんは、ある日同級生のマノさんに、

「こっくりさん、やらない？」

と誘われました。

放課後の誰もいない教室で、三人のこっくりさんが始まりました。

私とエリカちゃんは「誰と付き合う？」とか、他愛もないことを質問していたのですが、十円玉は動きませんでした。

最後に、マノさんの番になった時のこと。

「こっくりさんこっくりさん、私たちはあと何年後にあなたのそばに行けますか？」

は？　何言ってんの？　と思ってエリカちゃんのほうを見たら、エリカちゃんも私

と同じような顔をしていました。

マノさん、もう一度訊きます。

「こっくりさんこっくりさん、私たちはあと何年後にあなたのそばに行けますか？」

その時です。

今まで微動だにしなかった十円玉が、急に動き始めたんです。

スーっと動いた先にあったのは数字の「３」でした。

私は驚きましたが、マノさんは顔色一つ変えません。

「こっくりさんこっくりさん、この中で卒業する前に死ぬ人は誰ですか？」

え・り・か……そう動いたんです。

「え……なにそれ？」

エリカちゃんは言いましたが、マノさんは無視します。

「こっくりさんこっくりさん、その女はどんな死に方をしますか？」

も・え・る……。

「ねえ！　もうやめてよ！」

「こっくりさんこっくりさん！　その女はどれだけ惨たらしく燃えて死ぬのですか⁉」

エリカちゃんは動揺して、マノさんの手をバンと払いました。
すると、十円玉がどこかに飛んでいってしまったんです。
するとマノさん、俯いていきなり肩をブルブル震わせると、
「いいいいい！　おまえら！　おまえらみんな、こっくりさんに呪われてしまえ！」
そう言って口からブクブク泡を吹き出して、その場でバタンと倒れてしまった。
その日以降、マノさんは学校に来なくなってしまいました。
エリカちゃんとも、私が引っ越したことで会えなくなってしまいました。
それから二年が経ちました。
つい先日、同級生にエリカちゃんのことを聞いたんです。
エリカちゃん、自宅で灯油をかぶって火を点けたんだそうです。
焼身自殺でした。
「こっくりさんこっくりさん、私たちはあと何年後にあなたのそばに行けますか？」
そういえば、あの時のマノさんの質問、どういう意味だったんでしょうか。
来年、ちょうど三年目を迎えます。
その答えがわかるかもしれません。

東京予選会　上

ぱんち

「ぱんちさん、俺の弟は人を殺したことがあるんだ」

これは、Ｋさんという五十代前半の男性から聞いたお話。

今から三十年ほど前、Ｋさんは弟の運転で男二人、夜のドライブに出かけたそうだ。

弟が車を運転していると、後続車のヘッドライトが点いたり消えたり、点いたり消えたり——いわゆるパッシングを執拗にされた。

「なあ兄貴、今日の俺の運転……何かおかしいか？」

「いや……いつもと変わらないと思うけど」

弟は気にせず運転を続けていると、前方の信号が赤になったので車を停車させた。

すると、先ほどパッシングをしてきた車が自分たちの横につけてくる。

乗っていたのは初老の男性が一人。自分たちに向かって何かを叫んでいる。

「上っ……上！」

「上？　ああ、先週行ったキャンプの荷物、まだクルマの上に載せたままだった……。それが落ちそうだから危ないぞって言ってくれてんのか」

そう思った二人は車を一旦路肩に停め、荷物を結び直した。

ただその荷物、一切緩んでいなかった。

再び車を走らせていると、今度はまったく別の後続車から同じようにパッシングをされた。

今度は大きな白いバンだったのだが、前方の信号が赤になったので、弟は再び車を停めた。

すると、その大きな白いバンもまた自分たちの横につけてきた。

乗っていたのは若い男性が二人、助手席の窓を開けて大声で叫んでいる。

「おい！　馬鹿野郎！　何やってんだよ、上だよ上！　上！」

弟は、あまりに頭にきてしまったようで、

「どいつもこいつも うえうえ、うるせ……」

そう言おうとした瞬間、隣の白いバンが急発進し、赤信号の交差点に突っ込んでいった。

そして横から走って来た車と衝突して、轟音と共に吹き飛ばされてしまった。

ただ幸いなことに、歩行者の寸前で止まったので、人を巻き込んでの大惨事には至らなかった。

すると弟はブルブル震えながら近くのコンビニに車を停めた。

「なぁ兄貴……アレ、見えたか？」

「見えたも何も、目の前であんな事故が起きてんだぞ、見えないわけないだろ」

「違う！　隣の白いバン、俺らの横を通って交差点に突っ込んでいった時、屋根の上に子供が三人……乗ってたんだ。俺らを指差して『きゃはははは、きゃはははは！』　そうやって俺らを笑ってたんだよ……」

弟は真っ青になりながら続けた。

「あとさ、もう一つ聞いてもらっていいか？　実は、今の嫁の前の女に――子供を三人堕ろさせてるんだ」

二人は翌日、自分の車の売却とお祓いをしたそうだ。
弟さんは過去の自分の行動に反省して、三十年以上経った今も水子供養を続けている。

大阪予選会

男の声

田中俊行

「僕、子供の頃に左耳の後ろから男の声が聞こえてたんです。最初は、んーんんーん、んーんんーんと言って、なんだかよくわからなかったんですが、そのうち――」

そう、ある男性から聞いた話です。

幼稚園の頃に、大好きな消防車のおもちゃがあって、友達と取り合いになった。あげたくないと思って、二人で引っ張りあった。

「そんなのあげちまえよ」

と、左耳の後ろから聞こえて、とっさにパッと手を離した。

すると友達は譲ってもらったと思って、やったあとおもちゃで遊びだした瞬間、スパーンと飛び出た金具で手を切って大怪我をしたんです。

また、小学生の頃、こんなこともあった。

親戚の叔父さんが、僕のために野球のチケットを買ってきてくれた。

僕の好きなチームだったんですが、兄が行きたいと言い出して揉めたんですよ。

「そんなのあげちまえよ」

またも、左耳の後ろから聞こえた。

なので、その言葉に従ってチケットを兄に譲ってあげた。

すると観戦からの帰りに叔父と兄の二人が、一命は取り留めたのですが、車の事故に遭ってしまった。

中学生の頃に好きな子ができたのですが、友達もその子が好きだと言い出した。

女の子にどちらかを選んでほしいと訊いたのだけど、選べないと言われて。

「そんなのあげちまえよ」

その時にも、その声が聞こえたんです。

だから僕は、その女の子を友達に譲ってあげた。

二人は付き合いだしたのだけれど、どうもその女の子はかなり性悪だったらしく、友達は手酷く傷けられて、すごく心を病んでしまった。

何かを選ぶ時や人から何かを言われた時などに、左耳の後ろから、

「そんなのあげちまえよ」

と聞こえるんです。

その言葉だけなんです。でも、その言葉に従ったら良い方向に進むんです、危険も回避できるし。

僕は今までに何度も何度も、この言葉を聞いて助けられてきた。

「そんなのあげちまえよ」と聞くたびに全部従ったんです。

体が、言葉を聞いたら無意識に反応するくらい――。

そして、社会人になってからのことです。

職場にどうも合わなくて、毎日パワハラ上司にいろいろ言われたり、怒られてばかりいた。

ある時、すごいミスをしてしまい、案の定、パワハラ上司に責められた。

「おまえどうすんねん！　おまえ、これクビですまんぞ！　おまえ死ぬかあ？　え？

ああ、おまえ死んでもあかんわ。おまえの命くれ、おまえの命、おい！」

そこまで言うかと思いながらも、我慢して聞いていると、

「そんなのあげちまえよ」

そう、左耳の後ろから聞こえたんです。

その瞬間、僕は部屋からバーッと飛び出して、会社のビルの屋上へと駆け上がった。

そして屋上に出るとフェンスをよじ登っていた、自殺しようとして。

そこでハッと気がついた。

「ああ！　いや、これは違うやろ、死ぬやんか」

我に返った瞬間、左耳の後ろから、

「ちっ！」

大きな舌打ちが聞こえた。

と同時にバサンバサンバサバサバサという羽ばたく音がして、真っ黒で大きな羽根の生えた何かが、左耳の奥から飛び立っていったことを感じた。

それ以来、声を聞くことはなくなった。

「田中さん、あれなんなんすか？」

そんな風に訊かれました。

大阪予選会

引きずり込まれる

ハニートラップ梅木

みなさんには、親に言われた嫌な言葉とか、今も心に残っているようなネガティブな言葉はないですか？

これ十年ほど前のこと、僕の従妹《いとこ》で当時小学四年生のトモちゃんという女の子と彼女の母親の話です。

トモちゃんは、喋るのがちょっと苦手というか、言葉がうまく出なかったり詰まっちゃったりする子だったんですよ。

子供って残酷ですから、同級生たちが、学校でバカにしたり、からかったりしたといいます。トモちゃんは、帰ってくる時いつも泣いていたそうです。

玄関をガチャッと開けたら、ただいまの前に言うんです。

「うち、生まれてこんほうがよかったんかなあ」

めちゃくちゃ悲しいじゃないですか。

お母さんは、毎回そんなトモちゃんをぎゅっと抱きしめて、

「トモちゃんは私のためにいてくれたらいいんよ。他の馬鹿なやつの言うことなんか気にせんでいいよ」

そう言ってトモちゃんを慰めていたそうです。

でもお母さんもやっぱり人間ですからね、めちゃくちゃ疲れている時とか、トラブルが重なってイライラした時とかに、思いもしないことを言ってしまいます。

いつものように、トモちゃんが「うち、やっぱり生まれてこんほうがよかったのかな」と言った言葉に対して、「そうかなあ」と言ってしまった。

この「そうかなあ」というのは難しいですよね。「そうだよ」と肯定しては言ってない。かといって、否定というにはちょっと弱い。

お母さんはハッと気がついて、申し訳ない、傷ついてるんじゃないかなって思った。翌日、トモちゃんが帰ってきたら、いつも以上に愛情を伝えようと思って待っていた。ですが、帰ってこない。

トモちゃんがいつもの時間に帰ってこないもんですから、持たせてある携帯電話に

何回も何回もかけるんですが繋がらない。

その後、やっと繋がったのが六時過ぎ、もう外も暗くなっている。

「大丈夫？　大丈夫？　どこにいんの？　帰ってくれる？」

受話器にあてた耳を澄ますが、ザーッという水の音が聞こえるだけで声が返ってこない。

ザーというその音を聞いて、お母さんは思った。トモちゃんが川にいるなと。

通学路の途中に川があるんです。だから、急いで探しに行ったんです。

その川というのが自殺の名所で、毎年何人かがその川に飛び込んで亡くなられている。もしかしたらトモちゃん、何か変なこと考えてるんじゃないか、と思ったらいてもたってもいられない。お母さんは走って河川敷に行きました。

街灯もあまりないところなので河川敷も暗く、街の光はあっても足元もよく見えない。

「トモちゃん、トモちゃん、トモちゃんどこー？」

走りながら声をかける。

「トモちゃんどこー!?　トモちゃーん！」

しばらくすると、グズグズと泣いている声が聞こえる。

「トモちゃん、トモちゃん！」

「グズグズ……」

その泣き声の方を見ると、川縁ギリギリのところにトモちゃんが三角座りで座ってる。でも、その横にもう一人、お婆さんがいるのがわかった。

ああ、トモちゃん、と思って必死に駆け寄って、よかったと思った瞬間、そのお婆さんがお母さんの方を向いてニコッと笑いかけた。

誰か知らない人だけど、このお婆さんがトモちゃんを止めてくれたんだと思った。途端にいろいろな感情が溢れてきて、お母さんはその場にへたり込んでしまった。

「はあはあはあはあ……あんた……はあはあはあ……あんたよかった……」

自分の心臓の鼓動や、ゼイゼイという自分の呼吸の音が大きくて、周りの音があんまり聞こえない。

お婆さんはトモちゃんにずっと何かを話しかけているようだけれど、お母さんには自分のゼイゼイという息のせいで聞こえない。

何を言っているの？　だんだんと呼吸が落ち着いてきた時に、ふと耳に入った。

「あんたは生まれてこんかったらよかった」

お婆さんはトモちゃんに向かって、ずっと言っている。

「あんたは生まれてこんかったらよかった、あんたは生まれてこんかったらよかった、あんたは生まれてこんかったらよかった――」

何、この人？

そう思ったお母さんは、トモちゃんの腕を掴んでグッと引っ張った。すると、お婆さんはトモちゃんのもう片方の腕を掴んで、川の中へと引きずり込もうとする。

お婆さんもすごい力で、グーッと引っ張り合いになった。

河川敷は砂利だったので、踏ん張ったお母さんの足元の石がザザザザザッと転がっていく。どんどんと水の中に、トモちゃんもろとも引きずり込まれていく。

トモちゃんの体が傾いで川に浸かった時、お母さんが、危ない！　と思いお婆さんを見た。そうしたらお婆さんがニコッと笑ってこちらを見た。

笑っていると思っていたが、近くで見たら、それは違うとお母さんは気がついた。

なぜ笑っているように見えたのかというと、口元が白く見えたからで、これは笑っているから前歯が見えているのだと思っていたんです。

近くで見るとその白いのは前歯ではなかった。

それは、口いっぱいに詰め込んだ綿だった。

あ、この人は生きている人じゃない。

そう思ったお母さんは、またも引っ張られて川の中へと入っていく。

ごめんなさい、ごめんなさい、この子は私にとって必要な子なんです、連れて行かないで！

そう叫んで最後の力を込めて引っ張ると、ふっと力が抜けて、見るとお婆さんは消えてしまったのだそうです。


もしかしたら、その川で自殺者が多いというのは、人を引きずり込む霊の仕業かもしれない。お母さんの言葉に絶望感を持ってしまったトモちゃんも、引きずり込まれそうになったのかもしれない。

僕も、つい言ってはいけない言葉とか言ってしまうことがあります。でも「生まれてこなかったらよかったのに」みたいな、命を否定する言葉は言うのはやめようと思いました。

大阪予選会

誰かいる

神原リカ

私の友達に、ワビさんという四十代の女性がいらっしゃるんですけども、彼女が二十代の頃の話です。

ワビさんは三人姉妹の真ん中で、お姉さんは結婚して家を出ていたんですが、当時、お姉さんに子供がなかなかできなくて、それなら家族旅行も兼ねてということで、三人姉妹で子授け寺へと参拝に行かれたそうです。

その子授け寺には、水子供養のお地蔵さんなんかもあったそうなのですが……。

旅行から帰ってきた日の夜、ワビさんが自分の部屋で寝ていたら夜中に、コンコンコンコンコン、誰かが部屋をノックするんです。

こんな夜中に誰かなと思って「はい」と返事をしたら、ガチャッとドアが開いてワビさんの二つ下、当時二十一、二歳くらいの妹さんが布団を抱えて廊下に立っている。

なにしとるのかなと思い「どうしたの？」と聞いたら、

「お姉ちゃん、私、今日ここで寝てもいい？」

と言う。はあ？　と思って、理由を聞くのだけれど、それは言わない。

仕方がないなと思って、

「まあいいよ、どうぞ」

狭い部屋に二人で布団を並べて寝たのだそうです。

次の日の夜、ワビさんがそろそろ寝ようかなと思って、布団を敷いたりしていたら、妹さんがまた布団を抱えてやってきた。

「お姉ちゃん、私、今日またここで寝てもいい？」

そう言うので、理由を聞くのだけれど、やはり何も言わない。

「どうぞ」とその夜も二人で並んで眠った。

三日目、ワビさんがそろそろ寝ようと思って部屋に入ると、妹さんがちゃっかり布団二組を敷いて、私今日もここで寝ますよという顔して布団の上でゴロゴロしているんです。

さすがに三日連続なので、ワビさんは、

「ねえねえ、どうした？　これから先、こんな狭い部屋で二人で布団並べて毎日毎日寝るわけにいかんでしょうが。どげえしたん、なにがあったん？」

そう妹さんを問い質《ただ》したら、渋々、妹さんが話し出した。

「んんん、部屋が怖いん、部屋が怖い……」

でも、部屋が怖いとしか言わない。

ワビさんは、

「わかった、じゃあ今日はあんたの部屋で二人で寝ようや」

その夜は妹さんの部屋に二人で布団を並べて寝たんです。

するとワビさん、夜中にすっごく怖くなって目が覚めたんですよ。

どわあ、怖っ！　と目が覚めてから、

(なんでこんなに怖いんだろう、え、ちょっと待って、怖い怖い怖い、やだやだやだやだ、待って待って待って、やだやだやだやだ！)

耐えきれなくなり、ガバッと布団から起きたら、同じタイミングで妹さんが「わあっ」と言って飛び起きた。

ワビさん、妹さんの方に向いて言った。

「ねえ、女でしょ？」

そうしたら妹さんがうなずいた。

「そう、女だよ、女だよね、女」

怖さの理由が「女」であるけれど、それ以外はよくわからない――。

二人はワビさんの部屋に布団を敷き直して、並んで寝たそうです。

ここまでワビさん、話をしてから、

「神原さん、私、今思い出したわ。私ね、あの夜、妹に背中を向けて寝とったんよね。狭い部屋だけん、私と妹、布団を並べると間に人が一人寝れるか寝れんかぐらいの隙間しかないんだけど――そこにね、着物を着た女が座ってる気配がするのよ。それで目が覚めたの。わあっと思っとったら、その女が上半身だけグーっと異常に伸ばして、上から私のことをじっと見下ろしとったんよね。だから私、すっごい怖かったんだわ」

そう言って身震いをしていました。

不死鳥戦

軍人の遺書

おおぐろてん

『生前予約』というサービスがある。文字通り生前に自分の葬儀や遺品整理の仕方を葬儀社に依頼しておくサービスで、不慮の事故死など万が一のことが起きた場合でも自分の意思が事後処理に反映される。終活が注目される昨今、健康なうちに落ち着いて決めることができ、残される家族の精神的負担の軽減にもなることから利用者も増えている。

Kさんの勤める葬儀社に、この『生前予約』の申し込みがあった。

「自分が生きている間に遺品整理をしたい」

依頼者は早川さんという三十代の男性。

「自分の部屋にワケありの品があるので、一度、下見に来てほしい」

そう言うので、Kさんは日を決めてS県にある彼の住むアパートへ向かった。ドアチャイムを押すと部屋から出てきたのは旧日本陸軍の兵士だった。早川さんが軍服を着ているのだとすぐにわかったが、一瞬、本物の軍人に見えた。それほどに彼の軍服姿は凄味を放っており、少なくともコスプレには見えなかった。

Kさんが呆気にとられていると早川さんは、きまり悪そうに言った。

「やっぱりおかしいですよね。僕ね、この軍服に取り憑かれてるんですよ。今もね、日中のわずかな時間しか自我を保てなくて、それ以外は自分がどこで何をしているのか全くわからないんですよ」

彼は不躾《ぶしつけ》に奇妙な話を続けた。

「最近、自分でいられる時間がね、徐々に短くなってきているのがわかるんです。このままだとどうなるかわからない。だから自分がまともでいられる間に、すべてを整理しておきたいんです」

（ちょっとおかしな人にあたっちゃったかな……）

Kさんは内心そう思った。

通された彼の部屋には軍服や軍刀、軍靴、戦闘帽といった物がところ狭しと陳列されていた。彼はミリタリーグッズのマニアで、コレクションはすべて本物だという。

「ひとつもレプリカはありませんよ。すべて実際に戦地に赴いた物ばかりです。もちろん今、僕が着ているこの軍服も」

そう言いながら彼は襟元からボタンを外していき、左胸部分の内側をめくって見せた。そこにはかつての持ち主だった兵士の名前が刺繍されていた。

「行きつけの骨董屋でこの旧日本陸軍の軍服を見つけた時は興奮しました。どこの国の言葉かわかりませんが、外国人の名前が刺繍してある。きっと凄いレア物です」

高揚感からか声がうわずっている。窓一面、軍服で覆われて日の当たらない薄暗い部屋の中、薄笑いを浮かべて話し続ける彼を見てKさんは気味が悪くなった。

彼がこの軍服を買って帰った晩、怖い夢を見たという。

どこからか断続的な爆発音が轟《とどろ》き、周りで大勢の倒れた兵士たちがうめき声をあげている。どうやら自分は戦場をさまよっているらしい。気づけば自分自身も全身血まみれになっている。

驚きで目を覚ますと汗びっしょりになっていた。夢だったのかと安堵すると同時に全身に違和感を感じた。見ると、いつの間にか例の軍服を着ている！　シャツとトランクスだけで寝ていたはずなのに――。

無論、軍服に着替えた覚えはない。

さすがに気味が悪くなり、翌日早々に骨董屋へ軍服を返品しに行った。

「早川さんが返品なんて珍しいね」

言いながらも顔馴染みの店主は返金処理をしに店の奥へと入って行った。

店主を待つ間、見るともなくショーケースを眺めていると、古い軍用ナイフが目に留まった。その柄の部分に軍服の裏地の刺繍と全く同じ外国語の名前が彫られている。

我に返ると、そのナイフを手に持って自分の部屋に戻ってきていることに気づいた。驚いたことに返品しにいったはずの軍服まで着ている。

思わず叫び声をあげ、慌てて服を脱ぐとナイフと一緒にゴミ袋に放り込み、ゴミ捨て場に置いて来た。

数日後、大きな段ボールで荷物が届いた。心当たりがない荷物なので不審に思ったが、差出人を見ると自分の名前が書いてある。もちろんそんなことをした覚えはない。

おそるおそる開けると、中には先日捨てたはずの軍服とナイフが入っていた。さらには見覚えのないコートと帽子まで入っている。驚いたことにコートにも帽子にも例の外国語の名前が刺繍されていた。

「自分が無意識のうちにやっているとしても、戦時中の同じ持ち主の遺品をいくつも探しだせるとは思えないんですよ。これは自分では処分できない、だからね――」

彼はそう言いながら、Kさんの目の前でそのナイフを自分の親指の腹にあてるとスッと横に引いた。見る間に赤黒い血が湧き出してくる。呆気に取られるKさんを尻目に、彼は用意していた『遺書』に血判を押した。それをKさんに手渡すと、初めて安堵の表情を浮かべた。


数日後、Kさんのもとに早川さんの訃報が届いた。アパートの自室で割腹自殺をしていたという。家族が部屋を訪れると、ナイフで自らの腹を突いて前のめりに倒れていたそうだ。あの軍服を着たまま――。

葬儀の段取りを始めるため、あらためてKさんが遺書を確認したところ、奇妙なことに気づいた。

「死んでから三日間は遺体を触らないでくれ。火葬をしないでくれ」

と書かれている。

（韓国の三日葬みたいなことを言っているのかな……）

Kさんは思った。というのも、他にも、

「葬式をキリスト教の教会でしてくれ。自分は信者ではないけれど、この教会に時々礼拝に行っている」

と、韓国系のキリスト教の教会名が書かれていたからだ。

Kさんは、あっ！　と声をあげた。

早川さんが『何語かわからない』とKさんに見せた刺繍の文字もハングルだった。Kさんはパッと見でわかっていたが、あの時は気圧《けお》されていて指摘できなかった。

それとなく遺族にことの顛末を語ったが、早川さんの血筋に韓国は無縁なうえに先祖代々仏教徒で教会に通っていたことも知らなかったという。

ハングルを見てハングルだとわからない彼が、韓国の文化に馴染みがあるとは思えず、ましてや葬儀の風習を知っているとも思えない。

「そう考えると――早川さんは本当に軍服の持ち主である軍人の霊に取り憑かれて遺品を集めさせられていたんじゃないかなと思う」

そう言って、彼の血判が押された『遺書』を見せてくれた。

不死鳥戦

警告文

Meg★す

私はすごくオカルトが好きで、いろんなものを見たり聞いたりして楽しんでいるのですが、その中で、昔はすごく好きだったけど最近あまり見なくなったものがあるんですね。それは心霊映像。

なんでかと言うと、中には偽物もあるよと聞いたりとか、実際に加工技術も進んでいて、一見どれが本物で偽物かがわからなくなっているからなんです。

だからあんまり興味がなくなっちゃって、今はもうあまり見なくなった。

ですが、あるお客さんから心霊映像にまつわる体験談を聞いて、ああこれは本物なんだなと思ったんです。

お客さんは四十代後半のサラリーマンの男性。今から数年前に当時、中学生だった娘さんを連れて近所のレンタルＤＶＤショップに行った。

「なんか好きなもん借りておいで」

そう娘に言ったら、ああでもないこうでもないと迷ってるんですね。

散々迷った挙句に持ってきたのが、心霊映像系のＤＶＤ。

えーこんなん借りるの、悪趣味やなあって思ったけれど、まあ何も借りないよりはいいかって借りて帰った。

夕飯を食べ終わってからリビングで家族揃って、そのＤＶＤを見始めた。どれもこれも胡散臭《うさんくさ》いなあ、などと思いながら見ていたらある動画が始まった時――。

「この動画は、マンションの内見に訪れたカップルが撮った動画である……」

冒頭に状況を説明するナレーションが流れる最中、リビングが急に犬臭くなった。

自分たちは犬は飼ってない。それなのに、濡れた野良犬のような臭いがプーンとリビングに漂ってきて「えっ？　くさっ、なにこれ？」と家族で騒ぎになった。

それで一旦、ＤＶＤを停めて臭いの元をたどることにした。

まず疑ったのは、トイレの逆流。トイレに行ってみるけれど、逆流もしていないしまったく臭わない。

「お風呂も違うしキッチンも違う。水回りは違うな。これ、もしかしたら、庭先で犬でも死んでんちゃうか？」

窓を開けてみても、外も臭わないし、犬が死んでいる様子ももちろんない。

「外も臭わないんだし、とりあえず換気しよう」

換気扇を回して窓を全開にすると、家族でバタバタバタバタと仰いで臭いを外に出した。そしたら徐々に薄まっていって、直に臭わなくなった。

「ああ、臭いもなくなったみたいだね。結局、なんだったんだろうね？」

「うーん、わからんけど、もしかしたら近所で犬が死んでて、風に流されて臭いが漂ってきたのかもしれないね」

「まあ、いいや。臭いも消えたし、じゃあさっきのＤＶＤの続きを見ようか」

再生ボタンを押した。さきほどの動画の続きが流れ始めてすぐに、画面が暗転して「警告」という文字が出る。

「この動画を見ている最中に部屋が獣臭くなった方は、この動画の続きを見ないでください……」

そこまで読んで、思わず停止ボタンを押した。

「待って待って、さっき犬の臭いしたよね。獣の臭いってこれのことかな？　ちょっと俺、もうこの続き見られへん」

「いや、私も無理無理無理、早く取り出して！」

家族でパニックになって、その場でＤＶＤを取り出すとすぐに返却しに行ったそうです。

だから、その動画の続きに何が映っていたのか、もし見てたらどうなってたのか、今ではもうわからない……。

この話を聞いて私は、ああこれは本物なんだな、と思ったのです。

第二章
ファイナル
—1回戦・2回戦・決勝戦—

2020年11月3日／ユーロライブ

1回戦Aブロック

呪う

心霊ホスト　青柳マコト

僕は数年前に、俳優事務所に所属するタレントや俳優の演技ワークショップの講師をやっていた時期がありました。

とても真面目なカナちゃんと長身でイケメンの吉岡君、その二人に週一回二時間、レッスンをつけていました。

レッスン内容は、発声だったり台本を読んだり、エチュードと呼ばれる役者に設定だけ与えて自由に演じてもらうみたいなことをやっていたんです。

例えば、自殺する人とその自殺を止める人だったり、一ヵ月の間、何も食べないで憎き人を呪う二人、といった設定の上で演技をしてもらう。

三ヵ月ぐらい経った頃でしょうか。突然、カナちゃんがワークショップに来なくなったんです。

心配になって彼女のマネージャーに訊いたら、体調不良だと言われました。

一人になった吉岡君には別のクラスに移ってもらったのですが、一ヵ月も経たないうちに彼は事務所を辞めてしまったんです。

僕はなんとなく責任を感じてしまって、吉岡君に電話を掛けたんですね。すると吉岡君は沈んだ声でこう言うんです。

「監督すいません。あの……ワークショップが始まってちょっと経った頃、俺、カナちゃんに告白されたんですよ。でも俺、彼女がいるんで断ったんですけど、そしたらカナちゃん、その後しつこくてなんかストーカーみたいになってきて……。で、どんどんエスカレートしてきて怖くなって、事務所を辞めたんです」

その二、三日後、僕の携帯電話に電話がありました。

相手はカナちゃんでした。

「監督、いろいろご迷惑をおかけしてすみません。一度、監督に会ってお話ししたいんですが、私、今部屋を出られない状況にありまして――私の家に来てもらうことはできますでしょうか」

僕は、一人暮らしの女の子の家に行くのはちょっとまずいかなと思ったんですけど、なんだか切羽詰まった感じだったので、聞いた住所に行ってみたんです。

ピンポン……ピンポン……ピンポン……

何度インターホンを鳴らしても、カナちゃんは出てこない。

試しにと思ってドアノブを回してみると、鍵はかかっていない。

ガチャ……

ドアを少し開けて、声をかけてみた。

「カナちゃん、カナちゃん」

すると部屋の奥から、か細い声が聞こえてくる。

「監督、入ってください」

部屋の中に入っていくと奥にベッドがあり、掛け布団を頭の先まですっぽりかぶって横たわっている人がいる。

僕はそれを見て、

「えっ？　カナちゃんだよね？」

すると、布団の中からカナちゃんの声がくぐもって聞こえる。

「監督。わたし、願いが叶ったんで役者を辞めますね。監督には感謝しています」

「え？　えっと――願いってなに？」

するとは掛け布団を首まで下げて、カナちゃんが顔を出したんです。

彼女の顔は、骸骨《がいこつ》と見間違えるほど、ガリガリに痩せていました。

「監督、言ったじゃないですかぁ。一ヵ月間、何も食べないで憎き人を呪うと、その人が死ぬって。だからわたし……吉岡君のことぉ、殺しました！」

びっくりした僕は急いで部屋を出ると、吉岡君に電話を掛けたんです。

「吉岡君、無事か？」

「え？　なんで知ってるんですか、監督。いや今、駅のホームで誰かに押されて線路に落ちたんですけど、ちょうど電車が来なかったんで無事だったんです」

吉岡君の話を聞いて、なにはともあれ胸を撫でおろしたら、今度は部屋の中から叫び声が聞こえる
「きゃあああああああ！」

部屋の中に戻ると、ベッドからカナちゃんが落ちて倒れている。

慌てて救急車を呼んで運ばれたのですが――カナちゃんは亡くなっていました。

死因は栄養失調だったと聞きました。

僕はこう思うんです……もしかしたらカナちゃん、呪いが返ってきてしまったんじゃないかって。

みなさん、もし誰かを呪う時があるのならば、必ず成功させてください。

1回戦Aブロック

とある家電

シークエンスはやとも

僕が大学生の頃のこと。同棲していた友達カップルの話なんですけど、こいつがね、けっこう仲のいい友達だったんですよ。

まあ変な話ですけど「お化けが見えるよ」というのも打ち明けられるくらい、いい関係の友達だったんです。

その友達に彼女ができて、同棲をするということで部屋も決まった。

「同棲するんだ、いいじゃんいいじゃん、場所もいいね」

うらやましがる僕に友達も、

「そうなんだよ。で、家具とかも全部新品で揃えようと思っててさ」

「いいじゃん、いいじゃん」

そんな感じで、逐一、彼の話を聞いていたんです。

そして、友達カップルが新居に引っ越しました。

ところが、家具とか家電などを全部揃え終わった途端、家の中で怪奇現象が起き始めるようになったという。

パンパンという破裂音や空を切るような音が鳴ったりとか、物がゴトンと倒れたりとかするようなラップ現象が多発する。

これいつからだ？　と遡《さかのぼ》って考えると、とある家電を買ったタイミングからだと、二人は行き着いたらしい。

でも、その家電というのは新品のもので、当時はちょっと贅沢品と言われてるぐらいの家電だったんですよ。

「この家電を買った日からだ……でも、新品の家電を買って、怪奇現象とか起きるわけなくね？」というわけで「ま、気にしないでおこう」という話になった。

しかし、あまりにも怪奇現象が起き続ける。

ある日、彼女だけが家にいて、ソファーで横になってうたた寝をしていた。すると、急に誰かに首元をグーっと絞められて「いやー！」と目を覚ましたら誰もいない。

彼に電話して「いいから帰ってきて！」って言う。

「わかった、わかった！」と友達が家に帰ると彼女は「もう私、耐えられない、出ていく！」と泣いている。

「でも、まだ越したばっかだしさぁ」

いろいろと話し合った結果、僕に相談の電話をしてきたんです。

家になにかがいるのじゃないか、物になにかが取り憑いてるのじゃないか……とあれこれ話をするうちに、

「あの家電を買ってから、こういうことが起きるようになったんだわ」

と、件の家電の話をする。

「それはねぇと思うけどなあ」

と僕は電話を切ると、その友達カップルの家に向かった。

着いて、玄関をガチャンと開けた瞬間に「うっ」となった。

頭の中に、つんざくような叫び声のような――カーンという金属音のような音が鳴り響いてきた。

そして部屋に入り、二人から聞いていたその家電を見た瞬間、さらに大きな音で脳内に「ガー」という音が鳴る。

「うわっ！　なんだ、これっ⁉」

血まみれの女が取り憑いているとか、そういうのではないんです。

ただ、誰かの叫び声のような甲高《かんだか》い音が「ガー」と鳴り響いて止まない。

「確かにこれは捨てたほうがいい、お焚き上げとかそういうのは関係なく、今すぐ粗大ゴミとして出したほうがいい。ちょっともったいないと思うかもしれないけど、今すぐ捨てな」

そう言ったら、二人が「ああ、わかった」と、即行で粗大ゴミの日にその家電を捨てたんです。そうしたらそれ以来、怪奇現象は起こらなくなった。


でも気になるじゃないですか。新品の家電でそんなことあるかという話になった。

後日、友達と二人で調べたんです。

あの家電、なにか曰くとか憑いてるのかなあと調べたら、ネットのレビューに星の評価が星5、星5、星5、星1とかある。

「星1？」と思ってよく見たら、コメントに「心霊現象が起きるから」と書いてある。

星5「すごく使いやすいです」、星5「便利です」、星1「心霊現象が起きるから」

と。

なんじゃこらということで「どこで作ってんのかな？」とか「部品はどこ製なのかな？」というのを詳しく調べていった結果、ある一つの答えというか「これじゃないかな」というのに行き着いたんですけれども……。

少しぼかして言いますが、作っているのは海外だったんです。

でも、ある部品を作っているのは日本のとある町だった。

その町というのは——当時の話ですよ——かなり良くない職業の方、暴力系というかすごく怖い団体の方々が、たくさんまだ活動していらっしゃる町だったんですが、部品を作る町工場もたくさんある。

その怖い団体の方々と町工場がどうつながるかというと、町工場にはあるものがあるんですよ。

金属を溶かす炉です。

部品を生成する時に炉から溶かした材料を流しますが、もしかしたら、口封じや要らないとされた人たちも一緒に流していたのか——そこまではわかりませんですが、こんなことが考えられるかもしれません。

無実なのか罪を犯してしまったのかわからないですけれども、誰かがその炉に流され、部品の一部として固められて作られたその家電というのが出回ってしまった。そして、その誰かが入っている部品が使われた家電だけ、つんざくような音を聞いたりラップ現象が起きたりという、心霊現象を起こすようになってしまった——。

曰くつきの古い家具だったりでなくても、もしかしたら人の思いとか念とか呪いとかいうのは、自分の身近なところに潜んでいるのかもしれない。

そう思うと、容易に家電とか家具というのも選べないなというのを自分の肝に命じた、そのようなことを体験しました。

1回戦Aブロック

さまよう人

田中俊行

高校の時に美術大学を受験するために、昔からお世話になっていた画塾にもう一度通うことになったんです。そこは夫婦で運営されていて、当時、先生は四十歳後半ぐらいだったと思います。

連休とかは、直接自宅に行って泊まり込みの合宿をしていました。そういう時は、だいたい僕一人だったんです。

自宅の場所は関西のTというところにあって、国道沿いの山の麓にあるんです。周りに民家がなくて夏場は緑がけっこう綺麗なのですが、冬場はひっそりとしている。二階建てのポツンとした家で、二階をアトリエとして使っているのです。

僕が泊まり込み合宿に行く時は、二階のアトリエ部分で生活していたのですが、そこに寝袋が用意されていて、あとはひたすら絵を描くのみ。

定期的に先生が見に来て、とくに奥さん、女性の先生がアドバイスをしてくれる。

高校の二年生のある日。二月の上旬ぐらいだったと思うのですが、三連休があって先生の家のアトリエに篭っていた。

先生は夫婦で展覧会が重なっていて忙しく、二日ほど家を空けることになった。けれど「家にいていいよ」と鍵を渡されて、二人が車で出かけるのを見送りました。でも僕一人になったらまったくやる気にならなかったので、寝袋でずっと寝てたんです。そして夕方あたり――。

「みさちゃん、みさちゃん、みさちゃん」

と言われてパッと目が覚めた。あれっと思ってあたりを見るんですが、先生も帰ってきてないし誰もいない。

あ、寝ぼけてると思って、目を覚まそうと外に出た。山の麓なので山から冷たい空気が下りてきていて「寒っ」と家に入ってまた寝袋にもぐりこんだ。

夢うつつでいると、ピーというラジオのノイズのような音が外から聞こえる。

それとともに、カラン、カランという下駄の音も聞こえた。

先生かなと思って、寝ぼけながら窓から見るが誰もいない。

そのまま寝て次の日の昼に目覚めて――また僕、ずっと寝てたんですよ。浅い眠りの中、薄く目を開けて天井を見てて、寝ているのか起きているのかわからないような状態で一日過ごしてしまった。

とっぷり日も暮れて、気づけば夜中になっている。

その頃、またピーというノイズ音が流れて、井上陽水の『傘がない』が聞こえてくる。そして、カラン、カランとゆっくりした下駄の音――あれ？　昨日と同じだ、これ多分、酔っ払いがラジオかなんか持って歩いているなと思った

その夜、その家の周りを何周か回って去っていったんです。

翌朝、二日ぶりに先生たちが帰ってきて、僕は与えられた課題をまったくやっていなかったので、めっちゃくちゃに怒られた。

その日は女性の先生に付きっきりで教えてもらってたんですが、おもむろに先生が自分のイーゼルに描きかけの絵を置いた。

それが人物像で、なんだか特徴的だったんで「誰なんですか？」と聞いた。

「これ大学時代の男友達やねん」

そう女性の先生が話し出した。

「この子はお父さんが黒人のハーフでお母さんがロシア人のハーフ。顔は黒人なんだけど皮膚の色が白かったの。でもね、時代もあってすごい差別を受けたのよ。でも私は彼の容姿が好きで、いつかモデルで描きたいなって言ってたのよ」

しんみりとした感じで続ける。

「ある日、彼がどうしても今日帰りたくないから一緒におってくれって懇願してきた時があったんだけど、私、実家から通ってたんで門限があったの。泣く泣く断って帰った次の日、彼は部屋でガス自殺を図って亡くなってたんや。二月十一日が命日で、私、ずっと後悔してんのよ。で、彼はいっつもデニムの下に下駄履いてラジオずっと持ってんねん。井上陽水の『傘がない』が好きでな――」

その時にあっと思った。先生の名前は「美佐枝」だ。

僕は昨日と一昨日の夜のことを思い出して、先生に言おうとした。

でも、次の先生の言葉で言うのをやめました。

「早くこの絵を仕上げて、私、けじめをつけなあかんねん。なんでって言うたら、いまだに彼、私のことを連れていこうとして、さまよってんのよ」

先生は震えながらそう言ったんです。

1回戦Bブロック

彼女の右腕

南条

僕の友人の彼なんですが、自分のせいではないかと、彼女の身に起きたことをずっと後悔しているんです。

彼、東北の田舎町から大学進学で上京してきたんですけど、そこで初めて彼女ができたんです。これは嬉しいですよね。

少し背の低い、笑顔の素敵な無邪気な娘《こ》なんです。

そんな東京出身の彼女が、いろんなところに連れて行ってくれたり、新しい遊びを教えてくれたりするんですよ。

彼も彼女に喜んで欲しいから、いろんなことをしてあげるんですけど、シルバーアクセサリーのお店で世界にひとつだけの手作りのブレスレットをプレゼントしてあげた時は特に喜んでくれて、彼女はいつもつけてきてくれたんですよね。

そんな日々を過ごしまして、その日は原宿方面にデートで出かけたんです。

まっすぐ伸びる商店街の中を彼女が少し前を歩いてくれて、彼が後ろから必死でついていくんですけど、あまりにも人が多いもんですから、ちょっとウッとなって立ち止まってしまった。

そうしたら彼女の姿が見えない。

あ、どうしようって思っていたら、人ごみの中からひょこっと手が出て「おーいおーい」と振りながらこちらに近づいてくる。

でも彼は「あれ?」と思った。

こんなに人が多い中なのに、その手は右に左にまったくブレず、真っ直ぐこちらに向かってくる。

それが自分のすぐ近くまで来た時、人の波が切れて姿が見えた。

右腕の肘から先だけを持ったお爺さんだった。それを「おーいおーい」と振りながら近づいてきている。

あまりに怖くて固まっていると、お爺さんは彼のすぐ目の前まで来て、

「なあ、これ誰の?」

そう言って彼をもすり抜けていった。

なにが起きたのかわからないでいると、

「おーい」

という声がして、見ると彼女がそこにいた。

彼には先ほどのお爺さんのことが、彼女と無関係にはとても思えなかった。

あのお爺さんの持っていた右腕、これ絶対に彼女の腕なんです。

手首にプレゼントしたあのブレスレットをしていたから――。

それで、その場を離れることにしました。

また彼女が少し前を歩き、ある曲がり角に一歩踏み出した瞬間、車がドン！　と突っ込んできた。

彼女、はねられてしまったんです。

一緒に彼もはねられたのですが、幸い軽傷で済んだ。しかし彼女は意識不明の重体で、右腕は粉砕骨折していました。

彼女、長らく入院することになりました。意識が戻るかもわかりません。

あのお爺さんが何か関係しているんじゃないか、自分があんなものを見てしまったせいなんじゃないか、彼女の右腕を持っていたあいつはいったい……？

彼はお祓いに行くことにしたんです。

訪ねたお寺の住職さんは、とても親身に相談に乗ってくれた。

ご祈祷されて行きますか？　そうすれば少しは気分が晴れるはずですよ、などと言ってくださるんですが……彼は断って逃げるように後にした。

顔があのお爺さんだったんです。

正確には、住職の顔にお爺さんの顔が重なって見えたのかもしれない。

でもその表情は、彼を睨みつけ、お祓いなんてことをするととんでもないことが起きそうで怖かった。


数ヵ月が経ち、彼女は無事に退院し、二人で平穏な日々を過ごしている。

ただ、今もどこかから、あのお爺さんが見ている気がする。

あれ以来、自由に上がらなくなってしまった彼女の右腕——もしそれが上がったとしたら、それは本当に彼女が上げているものなのでしょうか……。

１回戦Ｂブロック

海から来る

神原リカ

これは、ミドリさんという洋食屋の奥さんから聞いた話です。

今から三十年くらい前、彼女が大学を卒業した時、卒業祝いに新車を買ってもらったんですね。

そしてその夏、友達と二人で花火を見に行こうという話になった。車があるということで、メイン会場から少し離れたところの防波堤に、ドライブがてら行って花火を見ようということになった。

そこまで車で行って、防波堤に腰掛けた。

二人で遠くを見ていると、やがて花火が始まる。

ひゅう～どん、ひゅ～どん……

三十年くらい前の田舎の花火なので、花火と花火のあいだに変な間《ま》があるんですよ。

その間《ま》の最中に、ミドリさんは見るとはなしに足元の水面に目を落とした。

すると、黒く丸いバレーボールぐらいの大きさのものが、波間に二つ三つプカプカ浮かんでいるのが月明かりに見える。

なんだろう？　とは思ったのだけど、船のウキかなんかかなと思って、あんまり気にしなかったそうです。

ひゅう～どん、ひゅ～どん……

また花火が上がって——間《ま》ができる。

ミドリさん、また見るとはなしにフッと水面を見てギョッとした。

その黒い丸いものが、波間にびっしり浮かんでいた。

うわああっ！　なにこれ？　なんで？　と思ったら、まるでその黒く丸いものは、ミドリさんが気づいたのがわかったかのように、足元へ向かってどんどんどんどん近寄ってくる。

なになに、やだ、ちょっと気持ち悪いんだけど！　どうしようどうしよう！

と思っていたら、二人の足元でゴボ！　とすごく嫌な音がして、丸いものが一つ防波堤の壁に這い上がってきた。

赤ちゃんだった。

それは黒くて丸い影のようなものなんだけど、明らかに赤ちゃんの姿をしていて、ハイハイしながら防波堤を上がってくるんですよ。

「うわあっ！」と言ってミドリさんは慌てて立ち上がった。びっくりしている友達の袖を引っ張って、

「ちょっとちょっと、早く帰ろうよ」

友達の腕を引っ張りながら車へと走っていく。

そのあいだにも、海からどんどんどんどん、黒い赤ちゃんが上がってくるのがミドリさんにはわかる。

なんでわかるか……あたり一帯がすごく生臭いんですね。

キョトンとしている友達をとにかく車に押し込んで、自分も急いで運転席に乗るとエンジンをかける。しかし、なぜか新車なのにエンジンがかからない。

「え⁉　ちょっと、なんでなんで⁉」

キュルキュルキュルキュル、キュルキュルキュル……セルが回るばかりで、エンジンがかからない。

「ちょっと、やだやだやだ」と慌てていると、いきなり後ろからボーン！　と何かが車にぶつかってきた。

友達が「ええっ⁉　なに今の⁉」と声を上げるも間髪入れずに、ボーンボーンボーン！　何かがどんどんと車にぶつかってくる。

「えっ、ちょっと、やだやだやだ、ちょっと、なになになに⁉」

うろたえる友達とともにミドリさん、もう半泣きですよ。

「エンジンかかんない！　エンジンかかんない！」

そのあいだにも、何かわけのわからないものが、ボーンボーンボーン！　と車にぶつかってくる。

「ちょっとやだ、もうやめて！　早く、早くエンジンかけてよ！」

友達が言うのにミドリさん、

「わかってるわよ、そんなこと！　今やってるじゃん！」

怒鳴《どな》ったとたんに、ブルルルっとエンジンがかかった。

ミドリさんは慌ててアクセルを踏み込むとその場を離れ、気がついたら家の近所のコンビニあたりに来ていた。

コンビニの明るいところで車を停めて、落ち着いたんでしょうね、友達がミドリさんに「ねえ、あれ、なんだったの……？」と訊いた。

ミドリさんは言おうかどうしようか迷ったのですが、ごまかすわけにもいかず、

「うーん、赤ちゃんがね……」

「えええ？」

「……赤ちゃんが海からいっぱい上がってきたの」

すると友達が「えええ？」と言いながらうなずいた。

「ああ、でもそれでかなあ」

ミドリさんが「えっ？　なにが？」と訊くと。

「うん……クルマの中がね、すっごい生臭いんだよね……」

1回戦Bブロック

健康ランド

中山功太

僕は、幼少の頃からけっこう幽霊というのを見たことがあるんですけども、自分にとってそんなに怖い体験ではなかったんです。

ただ二つわかったことがあって、まず一つは「幽霊はすごく青白い」ということです。もう一発で生きてないとわかります。

もう一つは「幽霊に触ることはできない」ということです。こちらから触ることもできないですし、向こうからも触れることはできない、すり抜けます。

ずっとそういう考えを持っていたんですけれども、それを覆すような出来事が自分のごく身近で起きまして……。

僕が二十二歳の時、隣町に住むA君とB君と仲良くなったんです。

ある日、A君とB君は地元の有名な健康ランドに遊びに行ったんですよ。

健康ランドというのは、今で言うところのスーパー銭湯なんですけど、風呂があってサウナがあってプールがあって、丸一日遊べるようなところなんです。

そこでA君とB君はプールで遊んでいたんです。

プールは二十五メートルの競泳用のもので、A君はスタート台に両手の指を揃えて飛び込もうとしていた。B君は少し離れた場所にいたそうです。

バシャンって音が聞こえてB君がパッと見たら、A君が背中を丸めてプカーッと浮かび上がってきたらしいんですよ。

急いで引き上げて救急車を呼んだけれども、A君は首の骨が折れて即死でした。

それをB君から連絡をもらって、「大事な話があるからすぐに来い」と言われた。

僕はB君がいるという地元の公民館に、あわてて行ったんですね。

そこにはA君とB君の親族や地元の友達がいて、お通夜をどうするとかお葬式をどうするとか、騒然と話をしているんです。

しばらく様子を見ていると、B君が仲間たちに責められ出した。

「普通に飛び込んで、首の骨なんか折れるわけないやろ、おまえ。Aがふざけてたんやったら、おまえが止めなあかんちゃうんか」

そんな風に責められているんですけど、B君はすごい冷静なんですよね。

「いや、Aはふざけてない」

そう言った後に、フッと僕の方を見て言ったんです。

「功太、ちょっと話いいかな」

僕は、変だなと思ったんです。

大事な話があるのだったら、地元の仲間とかの方が、僕よりずっと関係が深いだろうから、そういった人に話した方がいいのに、と思ったりしたのですが、仲間たちの怒号を背中に受けながらB君は僕を公民館の奥にある和室に案内したんです。

中に入るとシャッと襖《ふすま》を閉めて、唐突に僕にこう言う。

「功太、おまえ、霊感あるやろ?」

「いや、その、それらしきものは見たことあるけど……というか、なんの話なん?」

僕は状況が読めなくてしどろもどろに答えた。

するとB君は、

「俺は自分に霊感があるから、霊感のある人間がわかる。今からする話は、霊感がある人間じゃないと信じてもらえないからおまえを呼んだけど、聞いてくれるか？」

　そう言うと、真剣な面持ちで話し出しました。


　プールで遊んでいたA君が、スタート台で手指を揃えてまさに飛び込もうとした時、B君は少し離れた場所にいた。

　それで、何気なくA君の方にパッと向いたら、プールの更衣室の方からスーッと、まるでスケートで氷上を滑るみたいに全身真っ赤な男がA君に寄ってくるのが見える。

　え？　と思った次の瞬間、真っ赤な男は飛び込まんとしていたA君の体を抱きかかえると、頭からプールの底に叩き落とした。

　呆然としているB君の元に、真っ赤な男は同じくスケートを滑るようにスーッとすごいスピードで近寄ってきた。B君の顔を下から覗き込むと、目も鼻も口もない顔に赤黒い皺《しわ》をニヤッと寄せると肩を震わせて笑っていた。


　B君はそう言うんですよね。

　僕はこの話を、今回の最恐戦の大阪予選でさせていただこうと思っていたんです。

それが、大阪に帰って最恐戦前日の十一時三十分頃、内臓が焼けるような火照《ほて》りを感じたんです。これはただ事ではないと思って体温計で測っても、体温は三十六度台なんです。

火照りを取りたくて水風呂に入っても、冷たさをまったく感じないんです。

僕はコロナかもしれないなと思って、次の日、朝から病院に行ってPCR検査、血液検査、すべて受けました。

結局、コロナではないことはわかったんですが、発熱の原因は不明でした。

でね、僕が今つけているこの数珠をくださった、仙台の有名な霊媒師さんに会いに行ったんです。そして、その方にしっかりとしたお祓いをしてもらうまで、この話はできなかったんです。

僕は思うんですけどね、亡くなったA君、もしくは赤い男はこの話をすることを許していないんだと思います。

１回戦Ｃブロック

誰の足？

宮代あきら

　霊感ある方は、滅茶苦茶大変らしいですね。

　家の中でパーンパーンと鳴る、ラップ音がありますが、それぐらいでは引っ越しはできないそうです、当たり前すぎて。

　そして人影を見たり、窓に手が張り付いているのを見たり……。

　僕の女友達の三好さんは「足」なのだそうです。

　一年前に今の家に引っ越してきたのですが、足首から下だけのゴツゴツとした両足が、家の中を歩いているのだそうです。

　例えば、台所で料理をしていて冷蔵庫から物を取り出そうとすると、床を両足が歩いているのが見える。

　夜、電気を消して布団に入って携帯をチェックしようとすると、その灯りに照らされて顔の横を両足が歩いていく――。

怖いじゃないですか。でも彼女は引っ越さない。このレベルのモノはもう見慣れているのだそうです。

でも、そんな三好さんが引っ越しを決意した出来事が起こりました。

夏のある朝、歯を磨こうと洗面所に行って鏡を見て「えっ!?」となった。

――自分が映っていなかったんです。

正確に言うと、自分が映るであろう位置に見知らぬ男が映っている。

唖然として見ていると、男はスーッと消えて三好さんが映る。

ここまでは、まだなんとか住んでいたんです。

でも、決定打がありました。

みなさんご存知ですかね、携帯アプリで性別変換アプリというのが流行《はや》りまして、男の顔写真を読み込むと女の顔写真に、女の顔写真だったら男の顔写真に変換されるというアプリです。

ある時、三好さんも遊びで試してみたんです。

自分の顔写真をアプリで読み込んで、男の顔に変換してみると、

「ええっ⁉」

あの朝、鏡で見た男そっくりに変換された。

さすがにこれは気持ちが悪い……両足、鏡、アプリ、とだんだんと男の存在感が強まってきているように思えた。

ここでやっと引っ越しを決意したんですが、その前に、こういうトラブルが起こった時に相談できる霊感のある友達がいるので、一応話を聞いてもらった。

すると彼女は写真を見ながら、

「この人、三好さんのご先祖様じゃない？　よく三好さんの後ろにいらっしゃることあるよ」

そう言ってから、アドバイスをくれた。

次の日の朝、アドバイスどおりに、熱いお茶を二つ入れたんです。

一つは三好さんの分、もう一つはご先祖様の分。

「粗茶でございますが」とお茶を出しながら、ご先祖様に感謝の気持ちを述べた。

すると、三好さんのお茶からは湯気がもうもうと立っているのに、ご先祖様のお茶からは湯気がピタッと止まった。

「あっ、飲んでくれてるんだ」

そう思えたそうです。それからはラップ音もなくなり、頻繁に見ていた両足も見なくなったんですね。

ああよかったと思っていたのですが、ある日また、洗面所の鏡に男を見た。

「えっ、なんで？」

もうおさまったと思っていたから、また不安になった。この男性がご先祖様だったらいいのですが、他のナニかだったら嫌ですよね。

また霊感のある友達に連絡しました。すると、

「そうか——でも嫌な感じはしないから、やっぱりご先祖様だと思うよ。三好さん、お墓参りは行ってる？　もししてないんだったら、行ったほうがいいよ」

言われれば、何年もしていないことに気がついた。

三好さんは翌日、早速、有休を取って帰省して、ちゃんとお墓参りをした。

そのあと実家に寄ると、近所の親戚のオバちゃんたちが集まっている。

なので、ご先祖様と思われる写真をみんなに見せたそうです。

「あっ！　これ、ヒデさんだわ」

「あ、ホントだ、ヒデさんだわあ」

みんな口をそろえるんですね。

ヒデさんとは、もう亡くなられているのですが、三好さんのお祖父《じい》ちゃんの弟さんでした。本当にご先祖様だったんですよ。

ああそうか、と三好さんは安心して、みんなに今までの経緯を話した。

最初はラップ音がして、両足が見えて、鏡に男の人が見えて、最後はこうやって写真になって出てきたんだよと。

みんな妙な顔をして「えっ？」と言う。

聞くと、ヒデさんは若い頃、機械に挟まれて片足を失っている……。

「じゃあ、あの両足って――別の人のだったんだ」

三好さんはこの話をしてくれた後、

「宮代さん、またラップ音が鳴り出したんですよね。今度は何を見るんでしょうか。本当に面倒くさいです」

そうおっしゃっていました。

1回戦Dブロック

最後の電話

ガンジー横須賀

今から十年ほど前ですが、私が火葬場で職員として働いていた時にあった話です。

朝八時半ぐらいに出勤して、ちょっと待機していると役場から「本日の火葬場リスト」というのが流れてくるんです。

「本日、Kさんという女性の方がお亡くなりになられて霊柩車で向かうので、翌日火葬お願いします」みたいなことが書かれてある。

私「了解しました」とメール送って。

そうすると、しばらくして霊柩車がやってきてお迎えをするんです。

その時は、私と葬儀屋の若いスタッフの二人で、棺を運んでいました。

途中、若いスタッフが「この遺体ね、自殺なんだよ」と言いだした。

仏さんを目の前にして不謹慎なことです。長く働いていると、ちょっと感覚がマヒしてしまって、そういうことを言う人が出てくる。

私もそういうやつだとわかっていたので「あ、そう」と軽い返事だけしておいた。

そしてそのご遺体を遺体安置冷蔵庫に——病院でいうところの霊安室に保管して、もろもろ業務をしていると一日が終わる。気づけば最後の一人になっていた。

そろそろ帰ろうかなと思って荷物をまとめていると、トゥルルルルルと電話が鳴ったんです。

こんな時間になんだろう、と思って電話を取ったんですね。すると、

「ゴオオオオオオオオー」

機械音みたいなのがずっと鳴っている。

「あのすいません、電波がちょっと調子悪いようなんですけど——」

「ゴオオオオオオオオー」

相変わらず鳴ったまま、何かモーターが回っているような音なんですね。

「すいません、またお掛け直しください」

そう言って切ろうとした時、そのモーター音に混ざって女性の声がうっすらと聞こえた。

「ぜっ、ゴオオオオオオオー、い、ゴオオオオオオー」

ガチャッと電話を切って、なんだこれ、気持ちわりいな、もうさっさと帰ろう、と思っていたら、またトゥルルルと電話が鳴った。

さっきの人かなと思って、再び取ると、

「ゴオオオオオオー」

相変わらずモーター音のような音が鳴っている。

「あのすいません、全然電波の状況よくなってないですよ」

女性の声が混ざっているように聞こえる。

「ゴオオオオオオー、や、い、て、ゴオオオオオオオー」

「すいません、明日掛け直してください」

と再びガチャッと切ったんです。よーしもう帰ろうかなと思ったら、トゥルルルルと、また電話が掛かってきて――。

さすがに私イライラして、もうさっさと帰りたかったのでそう言おうと思って受話器を取ると、

「絶対に焼かないで、絶対に焼かないで、絶対に焼かないで、絶対に焼かないで」

女性の声がそう連呼している。受話器をそっと置くと呆然とした。

なんだ、絶対に焼かないでって？

今、安置しているご遺体のことを言っているのか、身内の人のクレームなのか、ちょっとわからないよ、と軽くパニックです。

そうしたら、トゥルルルルルルと、また電話が掛かってきて……メチャメチャ怖いんですよ、電話が。

取りたくないと思ったものの、緊急の連絡だったらやはりまずいので、恐る恐る受話器を取った。

「おい、横須賀君」

ああ、なんだ、役場の上司の藤枝さんという方だった。

「ああ、どうもどうも」

「今日さあ、棺、入っただろう？」

「はい」

「あれね、今、警察の人から連絡があって、検死にかけたいそうなんだよ。明日、悪いけど引き渡し、頼むな」

「はい」と電話を切って、なんなんだろうなあと思っていた。

翌日、警察の人がやってきて、その棺を持っていきました。

その数日後、そのご遺体が自殺ではなくて他殺だということがわかったんです。殺されていたんです。

しばらくして、犯人も捕まって事件も解決したと聞いたら……もう一度、件の棺が火葬場にやってきて、警察の人がお礼を言って帰っていきました。

火葬をするのは翌日なので、また遺体安置冷蔵庫に保管しようかなと思ったら、棺から微かに「ゴオオオオオオオー」と音がする。

あれっ、あの夜に電話で聞いた音はこれだと思った。

あの夜、真っ暗なこの冷蔵庫に安置された棺の中から、このご遺体は私に、電話越しにダイイングメッセージみたいなものを送っていたのかもしれない。そう思ったら、ゾッとしたものの、ちょっと胸が熱くなるようなものがありまして――。

よーしわかったと。では最後に私がこの女性を大いに弔ってやろうと、今までにないぐらいに、気持ちを込めて、火葬スイッチを押させていただきました。

１回戦Dブロック

その他の危険

伊山亮吉

皆さんは、ビックリマークだけの道路標識というのを見たことがありますか？

それは『その他の危険』という標識なんです。

『その他』というのが何か、というのは一切わからない。その標識がある場所は「心霊スポット」なのではないか？　そういう噂があるんです。

事故なんかが起きようのないところに、その標識がぽつんと立っていたりするのを見たりすると、そんな想像も働いてしまいます。

これからするのは、その標識の話です。聞かせてくれたのは、ある芸能事務所のマネージャーの方です。

その方、大変な怪談好きで、僕と話が盛り上がった時があった。

そして、その標識の話題になった。

「知ってます？　伊山さん」

「あー、知ってます。あれですよね、あの心霊スポットに立つっていう噂の」

「はい、それなんですけど――あれ、多分マジだと思うんですよ」

そう彼が声をひそめるようにして呟いた。

「なにか、あったんですか？」

僕は話をするよう促しました。


彼は中学生の頃から怪談が大好きだった。

もちろん、その標識の存在も知っていた。

地元に大きな霊園があり、彼は入り口にその標識が立っているのを見つけて興奮した。


この霊園は心霊スポットなんだ！

そう思ったらテンションが上がってきて、入ってみたくてしょうがない。

でも一人で行くのはちょっと気後れするので、友達を呼んだ。

結局五人が集まり、深夜にその霊園に肝試しに入ったのだという。

入ってみたのだけれど、なにも起こらなかった。それで、この五人がけっこうやんちゃでして、なにも起こらないならイタズラしよう、ということで霊園内で散々悪さをしたそうなんですが、それでも霊現象など起きなかった。

もう帰るか、となった時に一人が言い出した。

「どうせ、なにも起きねえしさ、俺らで驚かし合いしない？」

「どういうこと？」

「だから、俺らでびっくりさせ合うんだよ。五人いるでしょ？　こう二人と三人に分かれるんだ。で、ここを起点に離れていって、それぞれの端っこまで行ったらタッチして振り返る。で、相手の裏をかいて隠れながら相手を驚かす。どう、楽しそうじゃない？」

「楽しそうだね」ということで、グーとパーで分かれてグループを作った。

そのマネージャーの彼は二人組になった。

「ここ起点ね。じゃあ、それぞれの端に歩いていこう」

二人と三人に分かれて別方向へと歩いていき、霊園の端までたどり着いた。

塀にタッチして振り返ると、真っ暗でなにも見えない。

どうしようと思っていると、相方になった男がとても夜目が利くヤツで「俺、見えるよ」と言う。

「こっち来て。ほら、あそこに三つの黒い影が動いてる。絶対あいつらだ。どうしようかな、ちょっとこっちに来て。そうそう。ここで待ってればいい。多分ここで待ってればあの三人は目の前を通るはずだ。どうやって驚かせる？」

「そうだなあ、じゃあここまで来たら向こう側に石を投げよう。そしたら物音で振り返るから、その時にここから、わあ！　ってやるのどう？」

「いいねえ」

ということで、ずっと待ち構えていた。三つの黒い影がどんどん近づいてくる。すると堪えきれなかったんでしょうね、一緒に待っていたヤツが後ろで笑い始めた。

「ふふふふふふ」

「おい、ばれるからやめろ」

「ふふふふふふ」

ずっと笑っているので「笑うな」って言っていると、今度は女の声で笑い始めた。

「ほほほほほほ」

えっ？　と思ってると、

「ははははは」

今度は子供の声で笑って、また、

「ふふふふふ」

男の声で笑ってる。

どういうことだ？　と、そこで初めて振り返ったら、あれ？　となった。

一緒に待っている相方の彼、少しも笑っていなかったんですね。

むしろ、なにかに怯えている。そして声を出さずに口元が動いた。

「振り向くな」

すると、後ろから笑い声が聞こえてくる。

「ふふふふふ」「ほほほほほ」「ははははは」

男と女と子供、三つの笑い声が聞こえてくる。相方の彼に「見た？」と小さな声で訊いてみた。

「見てない。けど、絶対やばい」

おびえる彼に「見ようよ」と誘いかける。

「絶対やばいって、やめよう」

「いや見よう」

「やだ」

「いっせいのせで」

「やだ」

「いっせいの……」

マネージャーの彼は自分の後ろを振り返った。

すると、そこに三メートルくらいの大きな黒い影が立っている。

首がない。首がない代わりに、腹部のあたりに、男の顔と女の顔、そして子供の顔があって、その三つの顔がこちらを見下ろしながら「ふふふふふ」って笑っている。

「うわあああああ！」

二人はとんでもない悲鳴を上げて、霊園の外へと逃げ出した。

しばらくすると、他の三人が追いかけてきた。

「なにがあった？」と訊くので全部説明したら、見に戻ろうという。

嫌々ながら五人で先ほどの場所に戻ったものの、そこにはもうなにもなかった。

「だから伊山さん、あの『その他の危険』っていう標識、その他がなんなのかわかんないですけど、あの霊園に関してはその他ってあいつらだと思うんですよね。はっきり見ましたから」

そんな話を聞かせてもらいました。

2回戦

遭ってしまう人

田中俊行

これは友人のカメラマン、久保さんから聞いた話です

久保さんは専門学校に行っていた時に、神戸でSバスという会社でアルバイトをしていました。

どういう仕事をするかというと、観光バスを洗う仕事なんです。

だいたい十人で一チームになり、日に七、八台のバスを掃除する。

けっこう割のいい仕事だったそうです。

時間が決められていないので、自分たちが頑張れば頑張るほど早く終わる。

チームにベテランの女性三人組がいて、その中の佐藤さんという方が少し変わっていたって言うんですね。

とても真面目で気さくな方なんですが、ある時にすごい遅刻をした。

残りの二人の女性が、

「またあれやな、また佐藤さん、あれやな」

とコソコソ言っている。久保さんは、サボり癖でもあるのかなと思ったそうですが、違った。

出勤前に飛び降り自殺を見て、それで警察に呼ばれて……第一目撃者なんですね、それで遅れているんです。

佐藤さんは何度も見てしまうらしいんですね、交通事故や飛び降りを。


ある時、チームの中の一人が辞めることになった。

それで、社長を含めてみんなで飲みに出かけたんです。

久保さんは、佐藤さんを含めた女性三人組の席に一緒にいると、酒に酔ったのか女性二人が佐藤さんをいじりだした。

「あんた、ちょっとおかしいんじゃないの。気持ち悪いから、お祓いみたいなとこに行ったほうがいいよ」

ああ、いつも自殺や事故を目撃することについてだな、と久保さんは思い、

「なんで、そんなに飛び降りや人の事故に遭うの？」

と訊いた。すると佐藤さんが、

「いや、これは今に始まったことじゃない、子供の時からなの」

実家は鳥取の田舎だそうで、子どもの頃は道を歩いていると「こっち、こっち」という声が聞こえて、その声に引かれて行くと、動物が死んでいたって言うんです。それが都会に出てくると、飛び降り自殺だとか交通事故に変わった——。

「でも、最近は怖いんだ」

なぜかというと、その「こっち、こっち」という声が、だんだん悪意のある笑い声になってきているという。

ある日、また飛び降り自殺を目撃して遅れてくることがあった。

佐藤さんは不安そうに、久保さんにこう言い出した。

「私に当てにきている。その声と飛び降りの距離が近くなってる。声がしてすぐに飛び降りが見えた、怖い怖い」

また一ヵ月後のある日、電話が掛かってきた。

社長が取って話をしている。

「おお、どないしたんや？　おお、とりあえずそこにおれ」

電話の相手は佐藤さんで、どうやらパニックになっている様子。

「久保、ちょっと来い」と言われ、社長と二人で出かけた。

どうやら佐藤さんはまた事故現場に遭遇してしまい、パニックになってしまったので警察に保護されているという。

警察に行くと、ぐったりとした佐藤さんがいた。

「社長、もうダメです。絶対、私に当てにきてる。今回は声がしたらすぐ真上に……もう少しで当たりそうだったんです。目の前に落ちてきたんです。もう無理です、もう実家に帰ります」

そう泣きながら言う佐藤さんの傍らに、佐藤さんの娘だという三十歳ぐらいの女性がいて、

「母もこういう状態なので、もう明日にでも実家の鳥取に二人で戻ろうと思うので、すみません」

と言う。

「一回ちょっと話そう」とみんなで喫茶店に行って、三十分ほど話をしたそうなのですが、

「久保、もう無理や。とりあえず一人減るけども、すぐバイト入れるからちょっと頑張ってくれ」

ということで、次の日の午前中に佐藤さんと娘さんが来て、挨拶をして辞めていったらしい。


その昼に、チームのメンバーはそのことを知らされた。社長が「そういうことやから、とりあえず九人で頑張ってくれ」と言うのですが、その仲が良かった三人組の二人が、何かを言いたそうな顔をしている。

「なんや?」と社長が聞いたら、

「社長、私たち佐藤さんともう長い付き合いなんですが、あの人結婚してませんよ。娘がいるなんて聞いたことがないです、それ勘違いじゃないですか?」

「いや、そんなわけないやろ。なあ、久保」

「そうですよ、娘って言ってましたよ」

二人組があまりに不審そうな感じなので、社長は娘さんから預かった電話番号に電話をかけてみた。すると「あ、すいません」とすぐに切った。

鳥取ではなく、岡山のまったく知らないところに繋がったのだ。

結局それ以来、佐藤さんとは連絡がつかない。

「あの娘っていうのは、本当の娘さんなんでしょうかね」

そういうふうに、久保さんが話しておりました。

2回戦

予知

中山功太

僕が高校二年生の頃のことですが、母親が急に言ったんです。

「あんた、今日学校行くのやめ」

「はあ？」って思うじゃないですか。それで訊いたんです。

「なんでなん？」

「あんた、今日、足怪我するから」

「いや、それ意味わからんし。ケガするんやったら、怪我せんように気をつけるから」

そう言って、普段は自転車通学しているのを電車で行きました。その日は体育の授業もなかったし、一日中気をつけていました。

その日の学校帰り。学校の中庭のところで、苗字も知らないような同級生の男子から、急にサッカーに誘われた。六人ぐらいいたんだけど、僕はその誰とも仲がいいわけではない。

でも、なんだか非常に断りにくかったので、サッカーをすることになった。

それで、僕が初めにボールを蹴ろうと右足が触った瞬間、その足がボールの上に乗り上げるようになり、それでありえない方向に曲がってしまった。結局、靭帯が断裂してしまった。

病院で僕、母親に言ったんですよね。

「オカンすごいな、予知能力あるやん」

そうしたら、普段はけっこう気さくな母親なんですけど真面目な顔になって、

「あんたもあるくせに」

と言ったんですね。

その時は意味がわからなかったんですけど、ひょっとしたらこういうことなのかなって思うことが後に起こりまして——。

僕が二十四歳の頃、高校からの親友のY君と大阪のアメリカ村で遊んでいた時のこと。アメリカ村というのは、東京でいうと原宿みたいな街で、古着とか売っていたり

で若い人に人気があるんですよ。

そんな街の中心あたりに、店やライブハウスとかが入っている商業施設があるんです。段差の低い階段がスロープのようになっているんですけど、そのあたりを明け方近く、僕とY君は歩いてたんですよね。

そうしたら、ゲラゲラ笑いながら二十歳前ぐらいの男の子が三人、走っていくのが見えた。

その後ろで、人だかりができている。その中心に、なにやら動くものが見えるんですね。僕とY君は、その様子を見に行ってみた。

そうしたら、地面に横たわって、手と足をガクガク痙攣《けいれん》させている男の子がいる。白目を剥いちゃって、黒目があちこちに動いている。なにより呼吸がおかしい。

「へーへーへー」

自分で呼吸ができていないんです。

脊髄の動きだけでギリギリ生きてるような、僕はそういう人間の状態というのを見たことがなかったんですけど、一目見てこれは駄目だって思ったんですよね。

それで、Y君と僕で近くにいた若い人に「なにがあったんですか?」と訊いてみた。

「さっき走って行った三人のうちの一人が、冗談みたいな感じで軽く殴ったら、なんか足がスリップしたかで、すごい勢いで転んで頭を打って。それで今こういう感じになってる」

もう警察も救急車も呼んでいるからという。

正直、僕もY君その様子がすごく怖かったので、そこを離れることにした。

そろそろ帰ろうとしていたのだけれど、Y君が言い出した。

「ちょっと気持ち悪いから、あそこに泊まれへん？」

当時、Y君は、風俗とかラブホテルとかの受付を頼まれたらやるというような特殊な仕事をしていました。

そして、そういう仕事の人たちが宿泊できる男性寮があるんです。

その寮のオーナーみたいな人に「いつ泊まってくれてもええから。友達連れてきてもええし」みたいなことを言われていたのもあって、Y君と一緒にそこに行った。

その男性寮には大浴場があるんです。

僕はお風呂に入りたいなあと思って「風呂行こか」と言ったらY君は、

「俺、ちょっと今日ええわ。もうこのまま寝るわ」

そう言って、布団を敷きだした。

僕は「ああそう」と言って、大浴場に一人で行くことにした。

湯船から出て身体を洗っていたその時。右の方から、

「へーへーへー」

街で見かけた、あの倒れていた少年の息遣いにすごく似た声が聞こえた。

聞き間違いやろ、窓が開いてるのかなと思って、パッと右を見たんですが、窓はあるけれど閉まっている。

それどころか顔を右に向けたら、その声が右耳についてくる。

「へーへーへー」

これはおかしいとパニックになった。三六〇度、どこを向いても僕の右耳からそれが離れないんですから。

急いで脱衣所に出て体を拭くと、Y君が寝ている部屋まで慌てて戻った。

「おい、俺ちょっと風呂で変なことがあって。右耳からずっとあの声が聞こえる、もうずっと離れへんから、もうこれ耳……」

言いながら襖《ふすま》をスパッて開けたら、部屋で布団を敷いて寝ているはずのY君が、手

足をビクビク痙攣させてひっくり返っている。白目を剥いたり黒目があっち行ったり、それを繰り返しながら僕の方を見て、

「へーへーへー」

と言っている。

僕は身動きができなくなって、まんじりともせずにそれ見ていた。

「へーへーへー……」

Y君の首が、ガクッと折れた。

その次の瞬間、起き上がって、

「なんか腹減ったな、飯食いに行けへん?」

と言い出した。

僕は、Y君はさっきのことをたぶん気づいていないと思ったし、演技ではないということは一発でわかったので、これは恐ろしいからY君には言わないでおこうと思ったんです。

そして次の日。

Y君にはそれ以降、異変もなかった。寮でゆっくり過ごしていて、夕方の四時ぐら

いに僕は寮の待合室みたいなところでテレビを見ていたら夕方のニュースが始まった。

「昨日の明け方四時三十二分頃、傷害事件がありました。大阪のアメリカ村です。病院に搬送されましたが、死亡しました……」

あ、あの少年のことや、とわかったと同時に、Y君が憑依されたかのようになっていた時間と首がガクッと折れたあたり——たぶん少年が亡くなった時刻とほぼ一致することに気がついた。

僕はそれが気持ち悪くて、Y君は大丈夫なのか、その少年の事件をどうしても調べたかったので、急いで家に帰ったんです。

ずっと使っていなかったパソコン、それを立ち上げて調べてみようと思って久しぶりに立ち上げた。トップ画面のディスプレイの絵を見た時に鳥肌が立った。

その絵というのは、僕が中学三年生の時にマウスで描いた唯一のイラスト。段差の低い階段がスロープのようになっているその下に、人だかりがある。真ん中に人が倒れていて、それを見ている僕の背中が描かれている——。

これが唯一の予知の体験です。

2回戦

幽霊に助けられた男

夜馬裕

「幽霊に、命を助けられたことがあるんですよ」

そう話すのは、清水さんという三十代の男性。

清水さんはその日、妻に誘われるがままに、日帰りで海へ小旅行に出かけた。

昼間は妻と観光して楽しく過ごし、夕暮れになった頃、薄紅色に染まった海岸を二人で歩いていると、少し高くなった場所で、人が集まっているのが見える。

興味が湧いて行ってみると、そこは海側へ張り出した崖で、見晴らしの良い展望台になっていた。きっと地元でも人気の場所なのだろう、十数名の人たちが、夕陽でキラキラと輝く水平線を眺めている。

夫婦で景観を満喫していると、すぐ横にいる初老の男性が話しかけてきた。

「海が綺麗でしょう。だからね、つい飛び込みたくなるんですよ」

なんだこの人は？　と怪訝に思っていると、頼んでもいないのに話を続ける。

どうやらこの場所は、地元ではちょっと知られた自殺の名所らしい。

この数年間で、もう十人近くの人間が飛び込んでいる。

あまりにも落ちる人が多いので、崖側にしっかりとした柵を作ったものの、先月には、わざわざ柵を乗り越えて、女性が一人、海に飛び降りて亡くなったという。

「なんだか気持ちがわかりますよ。ねえ、海に入りたくなりませんか、清水さん」

初老の男は、そう言って顔を寄せてきた。

あれ、この人に名乗ったかな？　と気味悪く感じたちょうどその時、ポケットの中で携帯電話がブルブルッと鳴った。電話に出ると、相手は清水さんの友人で、電話口の向こうから、ひどく心配そうな声で話しかけてきた。

「今、おまえのＳＮＳを見たんだけど、奥さんと一緒に〇〇岬に来てるって書いてあるから電話したんだ。なあ、大丈夫なのか？」

「え、なんで？　大丈夫だよ」

「おまえ、まさか……例の展望台には、行ったりしてないだろうな？」

と友人が訊いてくるので、

「いや、今ちょうど妻と一緒に展望台に来ているところだよ」

と返答すると、突然、友人が険しい声を出した。

「おい、なに考えてるんだよ！　どうして展望台に行ったんだ？　そこは先月、おまえの奥さんが飛び降りて、亡くなった場所だろう！」

言われた瞬間、清水さんはハッとなった。

ああそうだ、妻はもう亡くなっているんだ、しかも先月この場所から、海へ飛び降りて……。どうして妻と旅をしている気分になって、ここへ来てしまったんだろう。

ぼんやりしながら電話を切ると、肩をポンと叩かれた。

「ねえ、海へ入ろう」

そこに居てはいけないはずの妻が、声をかけてくる。

思わず身を引いたら、今度は反対側から、先ほどの初老の男性が顔をぐっと寄せて、

「さあ、海へ入ろう」と囁いてきた。

あまりのことに後ずさりをすると、背後からも「海へ入ろう」と、何人もの声が響いてきた。

びっくりして振り向くと、展望台で海を見ていたはずの人たちが、自分を取り囲む

ようにずらりと並んで、全員が虚ろな表情のまま、「海へ入ろう」と言って、一歩ずつ一歩ずつこちらへ近づいてきている。

あまりのことに腰が抜けてしまった清水さんは、崖の際にある柵に縋り付きながら、「いやだ、いやです、海には入りません!」と叫び続けた。

半泣きで喚く清水さんの姿を見下ろしていた妻は、やがて諦めたように首を横に振ると、手で追い払うようにして、取り囲む人たちを遠ざけた。

そして、清水さんの横に跪《ひざまづ》くと、彼の肩に手を当てながら優しい声で言った。

「忘れないでね、ずっと一緒だよ」

そして清水さんの手の内に、二つに折りたたんだ小さな紙切れを握らせてきた。

そっと紙切れを見ると、表には小さな文字で、「逃げて」と書いてある。

清水さんそれを見て、そうか、妻はこの場所から逃がそうとしてくれているんだ、と気が付いた。意を決して立ち上がると、震える足を動かして、周りを囲む人影の間を縫うようにして走り抜け、あとは駐車場まで振り返らずに駆けて行った。

停めていた車に飛び乗ると、怯えながら運転しつつ、無事に家まで帰り着いた。

結局、それから後は、何ひとつ恐ろしいことは起こっていないという。

　そう話し終えた清水さんは、にっこりと笑いながら、

「きっと妻は、最初は僕のことを連れていこうと思っていたはずです。だからこそ、あの場所に呼ばれたのでしょう。でも最後には、僕を逃がしてくれた。ほらね、幽霊に命を助けられたことがあるんですよ」

　そう嬉しそうに言って、ポケットから何かを取り出し、私のほうに差し出してきた。

「これは、妻が助けてくれた時の、紙切れなんです」

　目の前には、話に出てきた通り、二つ折りの小さな紙がある。

「えっ、見せてくださるんですか？」

　驚きながらも、喜んでその紙を手に取ると、確かに表側に「逃げて」と書いてある。

　私は二つ折りの紙を、何気なく広げてみた。すると、下にはまだ文字が続いている。

　上下をつなげて読むと、「逃げて　もダメ」と書いてあった。

　あまりにびっくりしてしまい、思わず「これって……」と清水さんの眼前に紙を突き付けると、途端に彼の顔から表情が抜け落ちた。

　そして、清水さんはまるで機械のような声を出し、

「ずうっといっしょ、ずうっといっしょ、ずうっといっしょ……」

と言いながら、自分の肩をバンバンと叩き始めた。

清水さんは、何度も何度も、ひたすらにそれを繰り返す。

私はあまりにも気味が悪くなり、急いで紙を二つに折りたたむと、再び「逃げて」とだけ読めるようにして、清水さんのほうに差し戻した。

すると、清水さんの顔に表情が戻り、パッと肩を叩くのを止めると、まるで何事もなかったかのように機嫌よく話し始めた。

「いやあ、だからね、この紙は、命を助けてくれた妻からの最後のラブレターみたいなものなんです。妻には本当に感謝しているので、肌身離さず持っているんですよ」

嬉しそうに笑う清水さんを見ると、私はそれ以上、何も言うことができなかった。


亡くなった妻から、「逃げてもダメ」と書かれた紙を渡されて、それを後生大事に持ち続けている清水さん、今でもお元気にしているとよいのですが。

これはそんな、夫婦の愛の話です。

2回戦

呪い

伊山亮吉

僕の友人にペンキ屋で頑張っている男がいるんですが、彼は怪談師でもないのに怪談を集めているんです。大好きなんです。

そんな彼が、コロナの自粛期間中に聞いた話です。


友人の仕事場は忙しくて、コロナの自粛期間中もあんまり影響を受けなかった、むしろ普段より忙しかったそうです。

その日、現場で仕事を終えて、事務所に戻る頃には辺りはすっかり暗くなっていた。

従業員がだんだんと帰っていって、最終的に三人が事務所に残った。

友人と親方と、あともう一人のAさんの三人で、居残って怖い話をしていました。

親方がそういう話が好きだったそうです。

友人も「こんなことがあって」と話を盛り上げるのですが、Aさんがまったく話に乗ってこない。親方が気を利かせて、

「おまえはなにかないのか？」

とAさんに言うと、

「あ、すいません、俺あんまりそういうの信じてないんですよ」

とそっけないので、友人もそれじゃ無理強いはできないなとか思っていたら、

「ただ俺、一回、呪われたことがあるんですよね」

そうAさんが言った。

その瞬間、事務所の蛍光灯の一本が急にカチカチカチ……と、点滅し始めた。

タイミングがタイミングなので、友人はいやな予感がしたそうです。

でも、たまたまかもしれない。とりあえず蛍光灯のことは置いといて、幽霊を信じていないというAさんが「呪われたことがある」というのは、どういうことなんだろう。

「話してよ」と水を向けると、Aさんがぼそぼそと話し始めた。

Aさんは元々整体師だったという。整体師からペンキ屋にとは珍しい転職の仕方だ。

整体師になるべく専門学校に行っていた頃のこと。

学校では志同じくした友達がいて、彼女もできて充実した毎日だった。

ある時、学校で海外に研修に行くことになった。

なにをしに行くかというと、遺体の解剖なんです。

毎年この研修があるわけではない。その年は、たまたま海外で許可が出たということで行くことになったんです。

学年全員で現地に着いて、病院へまっすぐ案内された。

解剖用の部屋に入ると、そこには所狭しと遺体が並べられている。

それは、凄まじい光景だったそうです。中にはホルマリン漬けの胎児の瓶詰めとかもあって、おう吐する生徒もいたらしいんですよね。

現地の先生は解剖するのに二時間を取ってくれました。

ここを切るとこういう肉があってね……など、丁寧に教えてくれる。

しかし一時間ほどで教え終わってしまった。

だいぶ時間が余ってしまってどうするんだろうと思ったら、現地の先生は、「あとの一時間、君たちで好きに解剖していいから。じゃあ僕、一時間後に戻ってくるんで」

そう言って出て行っちゃったそうです。

生徒たちはみんな、どうしよう？　となったんです。とてもじゃないけれど、指導者もいないところで勝手に遺体を切り刻むなんて、祟られそうで怖いと言って誰もできなかった。

Aさんも、それは一緒だったが、彼はお化けなんか信じていなかったので、残りの一時間を所狭しと並べられた遺体で「遊んでた」と言うんですね。

大変不謹慎なことですよ、手足をぶらぶらさせたり股を広げてみたりホルマリン漬けの胎児の瓶を投げたりして遊んでいた。

そして一時間経った。先生が戻ってくる前に遺体の様子をきれいに戻した。

「じゃあ、隣に寮があるんで、一晩泊まって明日帰ってください」

現地の先生に言われ、部屋に案内されたそうです。

それぞれ個室に入った途端に、Aさんは具合が悪くなった。

脂汗《あぶらあせ》が止まらない、お腹も痛いし頭も痛いんです。

鏡を見ると自分の顔色が真っ青になっている。立てないくらいフラフラになってきたので、さすがにやばいなと思い、病院に戻りました。

何人か先生が残っていたので診察をお願いすると、一人の医師が診てくれるという。

「じゃあここに来て。とりあえず、血圧から測りましょうか」

血圧を測ったのだけれど、これがどうにもおかしい。

何度測り直しても、数値があり得ないほど低いんです。正常な数値とは程遠いありえない数値なんです。

「君、これね、死んでる人の数値だよ」

先生がそう言った。

その瞬間、Aさんは自分がさっき遺体に対してやったことを思い出してゾッとした。

ただお化けなど信じていないので、すぐに気のせいだと思い直したんです。

「どうしたらいいですか？」

と訊くも、気休めにしかならないけど薬は出すということで、薬をもらった。

部屋に戻って薬を飲んだんですが、一向に具合はよくならない。

夕食も摂らずに部屋で唸《うな》っていると、就寝時間に彼女が心配して部屋に来てくれた。

「大丈夫？」

「ちょっと大丈夫じゃないかもしれない」

「じゃあ、私が一緒に寝てあげるよ」

彼女が添い寝してくれることになった。不思議なことに気持ちがだいぶ落ち着いた。痛みもひいて、しばらくすると彼女が寝て、自分も眠ることができたんです。

しかし、夜中に突然、パチッと目が覚めた。

なんで起きたんだろう？　そう思いながら真っ暗の中、横を見ると彼女が寝ている。

あれ？　っと思った。

彼女の傍を青白い足首から先だけが歩いている。

Aさんは最初は寝ぼけていて、なんで俺あんなとこを歩いてるんだろう、とまったく見当違いなことを思った。でも、すぐにこれは違うと気がついた。

「おい！」

足に向かって声をかけると、その足はピタっと止まったかと思うと、今度はAさんの方に向かってきた。そしてAさんの目の前で止まる。

しばらくじっと見ていると、やがて足はドアの方に向かって動き始め、ドアをすり抜けて消えてしまった。

なんだあれ？　そう思って立ち上がろうとしたがAさんの体が動かない。途端、

「ははははは！」

男の低い嗤《わら》い声が耳元で聞こえた。

気がついたら翌朝。いつの間に寝てしまっていたのか。

彼女が心配そうにAさんを見ている。

とにかくこんな国から早く帰りたいということで、翌日、観光もろくにしないまま日本に戻ってきた。

当時、Aさんは彼女の家で同棲してたので、帰国したら彼女と一緒に真っ直ぐ家に帰った。

体調もおかしいし、いろんなことがあったんでとにかく疲れてるんですよ。

家に帰って、まだ夜も早い時間だったけれどすぐさま寝てしまった。

その分、翌朝は六時ぐらいに目が覚めてしまった。

「だいぶ早い時間に起きちゃったな」

独り言ちながら横を見ると、まだ彼女がグーグー寝てる。

俺ももうちょっと寝るか、そう思って二度寝をした。

次に目を覚ますと、部屋の中が真っ暗になっている。

え？　これ、どれだけ寝てた？　横を見ても彼女はいないし携帯電話もない。

今が何時なのかわからない。

俺は朝の六時に寝たんだよな、と思っていると、部屋のドアの方から彼女の声が聞こえる。

「ねえ、もう起きるの？」

見ると、ドアの前に彼女のシルエットが立っている。

ただ、暗くてよく見えないのか、黒い影のままなんです。

「起きるよ、なんで起こしてくんなかったんだよ」

Aさんがそう言うと
「ねえ、もう起きるの？」

それしか聞いてこない。

「いや起きるって。今何時？　ねえ？　もう起きる」

「ねえ、もう起きるの？」

あれ？　と思った。なにかちょっとおかしい。

「本当にさあ、おまえだよな？」

Aさんはそう言うと――。

「もう起きるの？　起きるのー？　起きるのー？　起きるのー!?」

彼女の声はやがて男の低い声に変わって、シルエットも男のものに変わった。

「はははははは！」

大きな嗤い声が部屋に響くと同時に、Aさんの意識がなくなった。


目が覚めたAさんの顔を、彼女が心配そうに見ている。

「大丈夫？」と言うんで、Aさんは話をした。

「実は黙ってたけど、あの研修に行ってから妙なことが続いてて……」

すると彼女は、強張った様子で言う。

「絶対それ、解剖の時にふざけたからじゃん。その時に呪われたんじゃない？」

「だから俺、一回呪われたことがあるんですよ」

Aさんがそう言った瞬間、さっきまでカチカチしていた事務所の蛍光灯がパキン！

と割れた。

それを見た親方と友人は思ったそうです。

その呪いは全然終わっていない、まだ続いてるんだ。現在進行形なんだけど、当のAさんはそれにまだ気づいていない……。

それを目の当たりにした、そんな話を聞かせてもらいました。

決勝戦

訳ありのバイト

夜馬裕

家族連れが溢れる休日のファミレスで、紹介された体験者を待っていると、妙に周囲から浮いた雰囲気の二人が姿を現した。一人は派手なシャツにジャケットを羽織った若い男性、もう一人はジャンパーを着た五十代のくたびれた風情の男性である。

紹介者からは、田畑さんという五十代の男性の話と聞いていたので、若い男のほうは呼んだ覚えがないが、以前一緒に仕事をしていたから付いて来たという。

「この人さ、ある出来事を境にして、一切喋らなくなったの。だから、それまで一緒に仕事してた俺が、彼の目線で話をするからさ、それを聞いてよ」と若い男は言う。

「できればご本人の口からお願いします」と頼んでみたが、田畑さんは目の前に置かれたハンバーグに手もつけないまま、じっと俯いて返事をしてくれない。

「ほらね……だから俺が話しますよ」と、若い男は話し始めた。

田畑さんは五十歳になるまで肉体労働で稼いでいたが、ある時、病気で身体を壊して働けなくなった。デスクワークなどしたこともなく、パソコンも使えない。何の仕事をすればよいかわからず、このままではホームレスになってしまうと、よく通っている居酒屋で店主相手に不安を語っていると、隣に座った若い男に声をかけられた。

「俺は不動産屋なんですけど、うちの会社、ちょっと面白い仕事があるので、バイトしてみませんか? 日給二万円、ひとつの現場がだいたい一週間から十日なので、十四万円から二十万円はまとめて稼げますよ」と、その男が言ってきた。

田畑さんが、病気で身体を使う現場仕事はできないことを伝えると、男は、

「大丈夫です。まったく体力は必要ありません。経験もパソコンのスキルも要りません。大切なのはね、ここですよここ、ハートです」と胸を叩きながら笑い、さらに、

「この仕事、向いているかどうかはハート次第なので、よければ一度テストしてみませんか? 実はすぐ近くにテストを受けられる場所があるんですよ」と誘ってきた。

いかにも怪しい仕事だが、テストに成功すれば、即金で二万円をくれるという。そのうえで、本当に仕事を続けるかどうかも、改めて選ぶことができると説明された。

今の苦しい状況で、二万円は大きい。田畑さんは不動産屋の男に付いて行くことに決めた。男と店を出て、しばらくタクシーに乗ると、不動産屋の物件というマンションに着いた。古びているが小綺麗である。その三階にある、一室に通された。

2LDKの部屋で、リビングには、ホスト風の男と、その恋人らしき女が、二人で仲良さそうに過ごしている。田畑さんが挨拶をしても、こちらをチラッと見るだけで、また二人で楽しそうに喋り続ける。

不動産屋の男からは、「この二人とは会話しなくていいです」と言われ、またトイレ以外は使用禁止であることを説明された。

そして、入口近くの寝室を指し、「ここで一晩過ごしてください」と言われた。「携帯電話は預からせてください。終わったら返します。やることは、ここで朝まで過ごすだけです。それ以外は何もせず、朝まで眠ってくれて構いません。ただし、私が迎えに行くまで、絶対にこの家から出ないでください」と念を押された。

それ以上の説明はまったくない。何のテストかもわからないが、寝室には布団も敷かれており、この家に住んでいる二人のことも気にする必要がないようなので、簡単なテストだと思い、「わかりました」と引き受けて、そのまま布団で横になった。

すぐに寝ついたものの、深夜に大きな物音と、男の悲鳴で目が覚めた。

リビングにいたホスト風の男の悲鳴だろうか、「痛い、やめろ、痛い、ああっ！」という苦しそうな呻き声がする。殴ったり、蹴ったりするような音と、それに混じって、明らかに日本語ではない、アジア圏の外国人らしき怒声が複数聞こえてくる。

田畑さんは驚いて起き上がろうとしたが、体がまったく動かない。しかもすぐ横から唸り声がするので見ると、リビングにいた女性が、猿轡《さるぐつわ》を噛まされた顔だけを出し、体は布団にくるまれて紐で縛られるという、いわゆるす巻きの状態になっている。

やがて男の悲鳴は弱々しくなっていき、しばらくすると、ズルズルと何か重いものを玄関の外へ引きずり出す音が聞こえた後、寝室に三人の男性が入ってきた。交わしているのが何語かはわからないが、日本人ではない、アジア系の外国人である。

そのうちの一人が横に転がる女性に跨ると、自然な動作で首をグッと絞めていく。

女性は猿轡のまま「ううっ」と激しく唸るものの、抵抗のしようもなく、やがてガクガクと痙攣しながら、そのまま動かなくなってしまった。

女性が動かなくなると、男たちは三人がかりで部屋の外へ運び出していった。その後、なぜか戻ってくる気配がないものの、次は自分だと思った田畑さんは、恐怖に怯えながら、（動け動け）と念じて体を捩っていると、パッと上半身が起きた。

自分もす巻きになっていると思い込んでいたが、見ると縛られた形跡はない。ただ立とうとすると下半身が動かないので、（ああ、足が縛られているのか）と思い布団をよけると、そこには血塗《ちまみ》れの男がいて、自分の下半身にグッと抱きついていた。

顔は血だらけで変形しているものの、先ほど見たホスト風の男性に間違いない。

「ぎゃあああ！」と悲鳴を上げると、男はそのまま霧のように消えていった。

そこで初めて、自分が今見たモノは、この世のモノではなかったと気がついた。

体が動かせるようになったので、そうっと家の中を見て回ったが、電気と水道は通っているものの、生活感は一切ない。冷蔵庫も置いてはあるが、中には何も入っていなかった。人が住んでいる様子はなく、先ほどの暴力の血痕すらない。

自分が見たものは、いったい何なんだ？

あまりにも恐ろしいので、すぐにでも家から飛び出したいのだが、そうするとテストに失敗し、報酬の二万円がもらえない。寝室で膝を抱え、震えながら朝を迎えた。

七時頃、昨日の不動産屋の男が現れて、

「いやあ、すごいっすね。テストなんで、部屋の外でずっと見張っていたけど、一度も出てこなかったですねえ。よーし、合格！」

　と笑顔で叫ぶと、実は……とテストの内容を説明し始めた。

「うちの不動産屋の持ってる物件には、ここみたいに人が死んだり殺されたりした部屋がいくつかあって、そのせいで『出る』ようになった所があるんです。そういう場所に、日給二万円で一週間から十日間ほど暮らしてもらって、そこで起きたことを報告してもらう、そういうバイトなんです。報告を元に、その物件がまだ使えるかどうかを、うちの上層部が判断するんですよ。今回はその適性を試すテストでした」

「普通は横で人が死んだり、幽霊が出たりしたら、みんな部屋から逃げますよ。幽霊を見るには繊細な感性が必要だけど、繊細な人ほど逃げますし。おっちゃんみたいに、お金のほうが大切で、絶対逃げない人って滅多にいないんです」

「あなた、この仕事ぴったりですよ。合格！」と、男は笑いながらまた叫んだ。

　田畑さんが、この部屋で見たものは何だったのか尋ねると、男は気のない様子で、自分は見ていないからわからないけど、昔そんな事件があったんでしょう、と話す。

　男が言うには、不動産屋の持っている中でもここは特別な物件で、『見える』人が来ると、再現映像のように必ず当時の様子を幻視してしまう。不動産としては役に立たないが、テスト用には最適なので、いまでも使っているという。

結局、田畑さんはこの仕事を引き受けることにして、翌週からバイトが始まった。

やることは簡単で、不動産屋の男に連れられたマンションの一室で、ただ寝泊まりするだけである。期間中は部屋から出られないことと、携帯電話をずっと預ける必要はあるが、外でやることもなければ、携帯もほとんど使わない身からすると、特に苦痛もない。生活は快適で、三食好きな弁当が届き、一食一本までならビールも飲める。住んでいる間は食費も光熱費も不要なので、二十万円近い報酬が丸ごと儲かる。

確かに幽霊の姿を見たり、声や物音を聞いたりと、怖い思いはするのだが、テストで最初に見たものに比べるとたいしたことがなく、せいぜい、痛い、苦しい、助けてなどと死んだ人間の声がするくらいで、何か実害を受けるわけでもない。

しかも毎回幽霊が出るわけでもなく、計五回このバイトを引き受けたが、そのうち『出た』のは三回だけ。これはいい仕事だ、続けていこうと思った。

怖くない理由はもうひとつあった。物件には、必ずバイトが二人一組で泊まるのだ。素性は明かされないが、毎回、同じ若い男性が同僚として一緒になる。同僚は無口なのであまり会話はしないが、それでも同じ家に他人が居るだけで安心できた。

指定された宿泊期間が終わると、例の不動産屋の男に、体験したことを報告する。例えば、「先週は三回、男の呻き声が」と言うと「あーなるほどね、時間は？　姿は見えた？　もう一人のバイトはどう？」などと訊かれ、最後に「ここはまだいけるかなあ。まっ、上に言っときまーす」などと、軽い調子で締めて仕事が終わる。

五回目のバイトが終わって数日経った頃、また不動産屋の男から連絡がきた。

「今度の物件は、むちゃくちゃヤバいです。担当してる俺から見れば完全にアウトだけど、一回試さないと上が納得しなくって。今回は、一泊でいいです。相当ヤバいけど、一晩で五万円出しますよ。引き受けます？」と訊かれた。

まともに働けない自分には、この仕事しかない。田畑さんは、「もちろん引き受けます」と即答して、その日の夕方現場に向かった。

いつもは部屋の中まで案内する不動産屋の男が、今回は離れた場所から指を差し、「あそこの建物の一階だから」と言って鍵を渡してくる。確かに、今回はいつもと違う雰囲気である。田畑さんは一人で部屋を開けると中に入った。

ワンルームのマンションで、玄関脇にキッチンがあり、入口から部屋全体を見渡せる。ただ、部屋の床全体に、ブルーシートが敷いてあった。

しかも、部屋中に鉄臭さが充満している。

なんだこの部屋は？　と思って入ると、いつも一緒になる同僚が先に来ている。

「やあ、今回もよろしく。それにしても、すごい臭いだね」と挨拶をすると、

「血の臭いですよ。いくら拭っても、消えないモノもありますから」と同僚が呟いた。

「えっ、これ血なの？　臭いが消えなくて、人に貸せるもんかねえ」

と田畑さんが首を傾げていると、若い男性は珍しく饒舌に話し始めた。

「普通に人が住むわけないですよ。僕らの仕事何だと思ってるんですか？　担当の不動産屋の男だって、見た目が明らかにチンピラですよ。こんなの堅気の仕事じゃない。僕らが聞く声って、いつも痛いとか、助けてとか、そんなのばっかりですよ。おかしいと思いませんか。知らないだろうけど、ネットで調べると、自殺や殺人の起きた物件がわかるサイトがあるんです。だけど、これまでの部屋はひとつもヒットしない。あんなにたくさんの人の苦しむ声が聞こえるんだから、何人も死んでるはずなのに、何の履歴もないんです。それって、死体が出ていないからだとは思いませんか」

話し続ける声が、次第に熱を帯びてくる。

「知ってますか？　僕らが寝泊まりする部屋、実は上下左右、全部空き家なんです。

たとえ多少の大声や悲鳴を上げても、誰にも聞こえないようにしてある。だから、人が住むために、普通に貸し出すなんてあるわけがない。不動産屋のいう『上層部』が、まだ使える部屋かどうか判断するのは、まったく違う使い道ですよ」

そうまくし立てた後、「おっちゃん、一回、窓を開けたほうがいいよ」と言った。

寝泊まりする部屋では、いつもカーテンが引かれている。勝手にカーテンや窓を開けて、外に顔を出すのは禁止されている。それをわかっているはずなのだが、

「おっちゃん、いいから一回、窓を開けてごらん。外の風を入れたほうがいい。それに、この仕事は絶対に引き受けちゃだめだよ。今すぐ帰ったほうがいい。窓を開けて気分を換えたら、なんでなのかわかるから」

と強く言ってくるので、田畑さんはしぶしぶカーテンを引いて窓を開けた。

外の風が吹き込んだ瞬間、周囲に立ち込めていた血の臭いがスウっと消えた。

驚いて振り向くと、部屋中に敷いてあったはずのブルーシートが、跡形もなくなっている。そして、部屋に居たはずの同僚の姿もまた、消えていた。

寝泊まりする家には、よほどのことが起きない限り使用を禁じられた、緊急連絡用の電話が置いてある。田畑さんはその電話をつかむと、不動産屋の男に連絡をして、

今起きたことや、同僚から聞かされた話をそのまま伝えた。そして、

「この部屋はどうなってるんだ？　同僚の男の子は大丈夫なのか？」

と詰め寄ると、不動産屋の男は、

「いやまあ、確かに普通の人には貸し出さない部屋ばっかりですよ。僕も下っ端のぺーぺーなんで、バイトの手配するだけで、実際のところ、うちの会社が部屋を何に使ってるのかよく知らないんですよ。まあ、ヤバいことに使ってるのかなあ……とは思うけど、そこらへんは気にしないほうがいいんじゃないですか、お互いに」

と明るい口調で話し、

「その部屋ですけど、一部屋しかないワンルームだし、一人でいいだろうと思って、昨日、いつもの彼にバイトを頼んだんですよ。ところが朝になったら、すっかり姿を消しちゃってて。彼の住所はおさえてあるから、すぐに家に行ったんですけど、帰宅した様子もないし、いくらなんでも、スマホも預けたまま逃げ出すなんて、ちょっとおかしいじゃないですか。結構、心配してたんですよ。でも、おっちゃんの前に出てきて、そのまま消えたっていうんだから、どうやら彼は、もうこの世のモノじゃなさそうですねえ。はははははは」

と笑った。そして、急に凄みの利いた声に変わると、

「で、おっちゃん、どうすんの？　引き受けるの、引き受けないの？　今帰ったら、五万円は出さないよ。たった一晩でいいんだ、やるよな？」

と大声を出された。

田畑さんは「わかりました」と返事をすると、そのまま一晩泊まることにした。

翌朝、不動産屋の男が部屋へ迎えに行くと、玄関脇のキッチンで、田畑さんが血塗れになって倒れていた。

命に別状はなかったものの、大怪我をしたうえに、いったい何があったのか訊いても、それ以来、まったく口を利かなくなってしまったという。


私の目の前に座った若い男は、ファミレスのハンバーグを頬張りながらここまで話すと、「もうわかってると思うけど、この不動産屋の男が、俺ね」と笑った。

「おっちゃんとはいつもたくさん喋ったから、話はこれでだいたい合ってると思うよ。実は俺も、部屋に迎えに行った時、やっぱり大怪我しちゃってねえ。そのせいで会社も辞めることになって、もう義理もないから、こうやって、おっちゃんを連れては、

メシとかおごってくれる人に話を聞かせてるんですよ」と話を締め括った。

「結局、何が起きたかわからないんですか？」と訊くと、男は妙なことを言う。

「まあね、本人が喋らないからわかんないよ。でもね、面白いもの見せてあげるから。おっちゃん連れてる意味はそこにあるわけ。おっちゃんの目を見て、あの日の夜、何があったかって訊いてみてよ」

どういうことかよくわからないが、ともかく私は本人に尋ねてみることにした。

「田畑さん、あの日の夜、いったい何があったんですか？」

そう訊いてみたものの、未だに手をつけないハンバーグを前にしたまま反応がない。

仕方なく、何度か繰り返し訊いたところで、田畑さんは突然、ハンバーグ用のナイフを右手に持つと、机に置いた自分の左手にブンッと振り下ろした。

そして、指のある場所に向かって、ナイフを何度も叩きつける。

トントントン、トントントン、トントントン――。

でも、ナイフの刃は、手の指には当たらない。

というのも、田畑さんの左手には、指が一本もないからだ。

指があるはずの場所に、トントントンと、ナイフをずっと叩きつける。

その姿を見ながら、あの晩、あの部屋で、田畑さんが何を見聞きしたかはわからないが、朝になって、彼が血塗れで倒れていた理由だけはよくわかった。

田畑さんの隣に座っている元不動産屋の男は、それを見ながら、

「うひゃひゃ……これ本当にウケるでしょ、何回見ても笑えるわ……はははは」

と大笑いをしているのだが、笑いながら彼もまた、右手にナイフを持って、自分の左手の親指のある場所を、トントントン、トントントン、と叩き続けている。

彼も左手には、親指がない。

部屋へ迎えに行った時、大怪我をしたと話していたが、なるほど、これのことか。

元不動産屋は、親指のあった場所を叩きながら、ほとんど白目を剥いて笑っている。

その姿を見ながら、彼がどうして不動産屋を辞めなくてはいけなくなったか、その理由もわかったような気がした。

休日の昼下がり、賑やかな家族連れで混み合うファミレスの中で、二人の男がナイフでずっと指のあったはずの場所を、トントントンと叩き続ける。

長年、怪談の取材を続けてきたが、思い出すたびに、これほど背筋の凍る場面も他にない。

決勝戦

白い両腕

田中俊行

これもカメラマンの久保さんから聞いた話です。

彼は専門学校時代、三国志が好きで、一ヵ月も休みを取って中国全土、三国志のゆかりの地を回るっていう計画を立てたんです。

神戸から船で上海に渡り、そこで一週間、綿密な計画を立てる。

お金がないので、その間、ゲストハウスに泊まった。

幸い日本人が何人かいて、その中に茂手木君という男性がいた。

茂手木君は歳も近くて大阪に住んでいて、その時すでにカメラマンをしていた。

彼は上海の街並みを撮って、一週間後に帰国するという計画だったんです。

久保さんは一週間後に中国全土へ旅立つので、ゲストハウスを出発する日がちょうど同じだった。

前日に、他の外国人も含めて、仲よくなった人たちで宴会をしたんです。

お酒が進んでしゃべることもなくなると、誰かが「あそこの上海のマンションで変なことなかった？」といった、怪談話をはじめた。

みんなが盛り上がってきて、久保さんも人から聞いた話などをしていたのですが、茂手木君だけがその場から離れている。

「茂手木もなにかしゃべってくれよ」と言うけれど「いやいやいや、もうええから」と話の輪から離れる。

みんなも酒を飲んでいるので、しつこく言うと、ボソッと言う。

「封印してるから」

「え？　いや、その話をしてくれよ」とねだるが聞いてくれない。

ここで久保さんが、適当なこと言い出した。

「茂手木君、その封印した話っていつのことなん？」

「俺が高校の時」

「っていうことは、日本で封印したんやろ？　ここは上海やから、国境、越えてるから封印解いてもええねんで」

「え、そういうもんなん？」

「うんうん、そういうもん」

そして茂手木君は「封印した」という話をしだしました。


茂手木君が高校生の頃、大阪でピザ屋のアルバイトをしていたそうです。

その日もアルバイトが終わって家に帰った。

次の日、学校に行くと、職員室に呼び出された。高校ではアルバイト禁止だったので、ああ、見つかったんちゃうかなと思ってびびりながら行くと、警察がいる。

「タマオカマリコさんってご存知ですか？」

警察官から聞き慣れない名前を言われたので、

「いいえ」

茂手木君、なんだろう？　と思いながら答えた。

「大阪府○○市○○マンション○○○号室のタマオカマリコさん、ご存じですよね？」そう言われた時に、ピンと来た。

それは昨夜、最後にピザを届けたお客さんだった。

「あ、思い出しました」

「そうですよね」と警察の方は全部わかって訊いているんですね。

「じゃあ、その時の状況を教えてもらえますか？」

「確か、お母さんらしき人にピザを渡して、奥に小さいお子さんがいたと思います。ただそれだけです」

「わかりました」とそれで話は終わった。

結局、何があったかというと、茂手木君がその家にピザを配達した後に、その家のご主人が帰ってきて、妻と子供の二人の首を絞めて殺した。そして、自分も首をくくって死んだんです。無理心中ですね。

無理心中というのはわかっていたのですが、その家族に最後に接触したのが茂手木君だったので、一応、話を訊かれたということだった。

茂手木君はそれから一週間ぐらい、なんとも嫌な気持ちで過ごしていたそうです。するとそのうち、誰にも言っていないはずなのに、学校で噂が立った。

「あの事件に、茂手木が関与してるらしいで」

他のクラスの友達もいっぱい聞きにくる。

「おまえ、あの事件に関与してるらしいやん」

　無理心中なんて悲惨な事件なので「いや、知らん知らん」と言っていたのですが、言われ続けて注目を浴びるようになって、だんだんと話すようになっていった。

　とうとう、その事件を茶化すようになってしまった。

「茂手木、あの事件、もしかしておまえが殺したんちゃうの？」

「おう、俺が全員首絞めて殺してん、あっはっは」

　そんな風に話をしていると、クラスの中であまりしゃべったことのない女子が「ちょっと来て」と、茂手木君を呼び出した。

　階段の踊り場で、茂手木君の方を見ないよう俯きながら、

「あの事件の話、もうやめてくれない？」と言う。

「え、なんでなんで？　いやいや、なんでおまえにそんなこと言われなあかんの？」

「いや、やめてほしいの」と何度も言う。

「いや、なんで？　するよ、だって面白いもん」

　茂手木君もムキになって言っていたら、ボソッと彼女が呟いた。

「あと一回、しゃべったら死ぬで」

それでゾッとした茂手木君が「なんで?」と改めて訊いたら、彼女が話してくれた。その事件のことを茂手木君が初めて教室で話した瞬間、教室の入り口付近に肘から上の白い両腕が浮かび上がった。

それ以来、茂手木君が話をするたびに、その白い両腕が彼に近づいている——。

「え? じゃあ、今はどういう状態なん?」

その女子はゆっくりと顔を上げると言った。

「今は両手で首を掴まれている状態やから——あと一回しゃべったら、手で絞められて、たぶん、あんた死ぬよ」

だから彼は話をすることを封印していたんです。

「ええ!」と、みんなその話を聞いて心底震えたんですね。

そのまま会はお開きになって、翌日、茂手木君は大阪に帰り、久保さんは三国志のゆかりの地を回って一ヵ月後に帰国した。

帰国後、茂手木君の実家の連絡先を聞いていたので、電話をしてみた。

「久保と言いますが、上海で茂手木君にお世話になって……いらっしゃいますか?」

お母さんが出られたのですが「今ちょっといません」と言う。

結局、彼には何ヵ月経っても電話がつながらなかった。

その後の噂で、自ら命を絶ったということを聞いた――。


その後、この話を僕は怪談会でよくしていたんですよ。

でも途中から話すのはやめたんです。

というのは、二年前くらいなんですが徳島でライブがあったので、僕、神戸からバスで向かったんです。

移動中にライブでする怪談のセットリストを作るので、この久保さんの話をやろうと思って用意していた。

徳島に着いて、会場は二十人くらい入る古民家カフェのような場所だったのですが、集合時間が夕方の四時だったので、その時間に合わせて向かったはずが、なぜか二時間も前に着いてしまった。

会場に行っても誰もいないし、会場自体が閉まっているし。

しょうがないので時間をつぶすのに喫茶店でもと思ったら「田中さん！」と声をか

けられた。

　お客さんが「地方から来たんです」とか言って待っていたんですよ。

「今日の怪談ライブ、楽しみにしてます」と言うんですけど「まだ時間、全然早いですよ」と言うと「はい、どっかでちょっと時間つぶすんで」と言う。

「わかりました、じゃあまたあとで」

　と別れようとすると、お客さんが僕を呼び止めた。

「田中さん、ごめんなさい。嫌なこと言うけど——その首にまとわりついてる白い腕はなんですか?」

　その時は、そんなことを言われて嫌過ぎて、そのまま無視をしてその場から去った。

　ちょっと気持ち悪いなと思って、その話はやめておこうと決めた。

　ライブでは結局違う話をしたんですが、僕にそう言ったお客さん、会場のどこにもいなかった。

　客は全部で二十人くらいだったので、絶対わかるはずなんですよ。

　それから僕、この話はなんかそういうのが来るような感じがあるから、話しをするのをやめたんです。

でも最近また話し出したのは、少し前にある女性からメールをいただいて——。

それは怪談ファンのお客さんなんですが、この白い両腕にまつわる久保さんの話が好きで、彼女は自分の家族に話して聞かせたと言うんです。

それ以来、部屋に「白い両腕」が出てくる。

そういうメールを僕、もらったんですね。

あ、なるほどな。この話をしたら「白い両腕」がその人のところに行くんや、僕の元から離れるんや、と。

みなさん、今日帰りましたら、この話をご家族ご友人にぜひ話してみてください。

怪談最恐戦2020 大会データ（●は通過者）

大阪予選会

Aブロック：●田中俊行／Meg★す／稲森誠
Bブロック：●ハニートラップ梅木／旭堂南湖／中山功太
Cブロック：●神原リカ／ロッテンダシャカ谷／BILLY

東京予選会

Aブロック：●伊山亮吉／大吟醸ごとう／みちくさ
Bブロック：ぬらぬら／●夜馬裕／弟ひろのり
Cブロック：やまげら／ぱんち／●匠平
Dブロック：●シークエンスはやとも／押戸けい／南条
Eブロック：チビル松村／●心霊ホスト青柳マコト／松本エムザ
Fブロック：いつでも丑三つ時／女子高生怪談師あみ／●宮代あきら
Gブロック：山本洋介／おおぐろてん／●ガンジー横須賀

不死鳥戦

いつでも丑三つ時／稲森誠／おおぐろてん／女子高生怪談師あみ／●中山功太／●南条／ぬらぬら／ぱんち／BILLY／松本エムザ／みちくさ／Meg★す

ファイナル1回戦

Aブロック：心霊ホスト青柳マコト／シークエンスはやとも／●田中俊行
Bブロック：南条／神原リカ／●中山功太
Cブロック：女子高生怪談師あみ／●夜馬裕／宮代あきら
Dブロック：ガンジー横須賀／●伊山亮吉／匠平

ファイナル2回戦

ABブロック：●田中俊行／中山功太
CDブロック：●夜馬裕／伊山亮吉

ファイナル決勝戦

●夜馬裕／田中俊行

審査員：門澤清太（フジテレビONE実話怪談倶楽部プロデューサー）／小林忠（怪奇蒐集者プロデューサー）／高橋宏行（Channel 恐怖プロデューサー）／竹内義和（OKOWA 発起人）／ぶっちょカシワギ（OKOWA 発起人）／小林タクオ（ロフトプラスワン WEST 店長）

オーガナイザー・MC：住倉カオス

怪談最恐戦朗読部門

グランプリ：片桐真衣
himalaya 敢闘賞：ごまだんご／和泉茉那
たぬき賞（糸柳寿昭作家賞）：小野寺昭憲
思わず声がでま賞（川奈まり子作家賞）：りっきぃ
音吐郎朗賞（黒木あるじ作家賞）：てるま
背筋が伸びました賞（黒史郎作家賞）：嘉夜
倍音の魅力賞（住倉カオス作家賞）：御前田次郎

二〇二〇年度怪談最恐位
特別書き下ろし

いもうと

夜馬裕

話を聞かせてくれたのは、富田さんという三十代後半の男性。

彼にはかつて、瀬川さんという同い年の幼馴染がいた。二人は、小学校から高校まで同級だったが、高校二年生の冬、瀬川さんの両親が交通事故で亡くなった。

瀬川さんには当時中学生だった四歳年下の妹がいて、遠縁の親戚が二人の身元をまとめて引き受けたが、同居は断られ、月々わずかな生活費を渡されるだけで、実質、妹との二人暮らしになってしまった。

共働きで多忙な両親の代わりに、瀬川さんは小さい頃からずっと妹の面倒をみており、そんな兄に妹はとてもよく懐いていた。妹は将来美人になると近所でも評判の綺麗な子で、まるで小さな恋人のように「お兄ちゃん大好き」と言う様を見て、兄弟姉妹のいない富田さんは、友人のことを内心羨ましく思っていたという。

瀬川さんは、「自分は高校を中退するので、その学費で妹は高校まで進学させて欲しい」と親族に頭を下げると、自身は中退後、厳しい肉体労働をしながら、生活費の足しを稼ぎ、妹を大学まで進学させるための資金を貯めるようになった。彼が働くようになると、学生の富田さんとは次第に親交が疎遠になった。いつの間にか瀬川さんと妹が遠くへ引っ越してしまった後は、まったく音信不通になり十年以上が過ぎた。

ところがお互いが三十代になってから、富田さんのＳＮＳを通じて偶然にも二人は再会を果たし、久しぶりに連絡を取り合うようになった。近況を報告する中で、瀬川さんが苦労して妹を大学へ進学させたこと、肉体労働から飲食店勤務を経て、今度自分の店を持てること、昨年結婚して、もうすぐ子どもを授かることなどを知った。

ある時、「俺の妹の顔覚えているか?」と瀬川さんからメッセージが届いた。覚えているし、可愛かったから、大人になってますます美人になったのでは、と返信すると、「だったら、折り入って相談に乗ってもらいたいことがある」という連絡がきた。そして、「よければ会って話したいので、一度家に遊びに来ないか」と誘われたという。

久しぶりに友人にも会いたいし、結婚相手の顔も見たい。そう思った富田さんは誘いを快諾し、互いの都合がついた休日、瀬川さんの暮らすマンションを訪ねた。

十数年ぶりに見る瀬川さんの顔は、多くの苦労を乗り越えてきたせいか、昔より遥かに精悍で逞しく感じられる。リビングに通されて少し話をしていたが、奥様の姿がどこにも見当たらない。そのことを尋ねると、「今日は、家に居ないんだ」と瀬川さんは気まずそうな表情になり、続けて、「実は相談というのが、妻のことだから、聞かれたくなくて、出かけてもらっているんだよ……」と話し始めた。

働いて学費を貯めて妹を大学に行かせてさ、ずっと妹のためにがんばってきたから、最後の学費を支払って、就職活動をする妹の姿を見た時には、本当に安心したよ。

過去に何度か恋愛はしたけど、仕事をしながら、妹の親代わりもして忙しかったから、あまり時間を作れなくてさ。付き合っても、すぐに別れることが多かったんだ。

その度に妹は、「お兄ちゃんとずーっと一緒にいるのは私だけだよ！」なんて嬉しそうにしていたけど、俺は恋人としっかり向き合える、普通の恋愛に憧れていてね。あと少しで妹も手を離れるから、ようやく自分のことを考えられると思った。

だから、しばらくして恋人ができた時、妹には、「就職したら、この家を出て自立するんだぞ。お兄ちゃんは、彼女と同棲して暮らすから」と伝えたんだ。

そうしたら、妹は泣いたり怒ったり大変でね。「絶対に嫌だ、そんな女は認めない」とか、「大好きなお兄ちゃんと一生暮らす」とか言い張るんだよ。

ある晩、大喧嘩になってね。朝になったら、荷物をまとめて家出していたよ。それきり、妹は二度と帰って来なかった。必死に探し回って、人伝てにわかったのは、俺への当てつけのように大学を中退して、今は夜の街で水商売をしていることだった。ずいぶん苦労して面倒みてきたから、妹のわがままさに腹が立ってね。勝手にしろと思って、妹の荷物を処分すると、恋人を家に呼んで同棲を始めたんだ。

妹とは連絡がつかないままだったけど、共通の知り合いが時々近況を教えてくれて、しばらくすると、水商売で稼いだお金を、占い師だか霊媒師だか、正体のわからない、怪しい人間に注ぎ込んでる、なんて話も聞かされたりした。

すっかり呆れて、心配もやめて放っておいたんだけど、家出してからちょうど一年経った頃、突然、妹から電話がかかってきて。「お兄ちゃん、久しぶり」という声が、騒がしいくらい賑やかなあの妹かと思うほど、妙に落ち着いた口調だった。

――私ね、この先、もう生きていかなくても平気なの。

――偉い先生の所で勉強して、ずうっと一緒に居る方法を見つけたんだよ。

妹は一方的にそう言うと、電話を切ってしまった。

不安になって共通の知人に連絡をとると、妹は最近水商売も辞めてしまい、誰一人連絡がつかないと言われた。妹はそのまま、本当に行方知れずになってしまった。

ただ、最後の電話から二、三か月ほど経った頃、同棲中の恋人に異変が起きた。

彼女の髪型や仕草が、なんだか妹に似てきたんだ。

気のせいだと思おうとしたけど、徐々に顔つきや身体つきまで、妹そっくりになっていく。最後には、口調や性格、行動まで、本当に妹としか思えなくなってしまった。

恋人にそのことを指摘しても、「私は元からこうだったでしょ」と言う。周囲にそれとなく相談しても、「ただのイメチェンだよ」と笑われて、取り合ってもらえない。

あまりにも気味が悪くなって、結局、二年近く同居した恋人と別れてしまった。

しばらくして、また新しい恋人ができたけど、その彼女も付き合っているうちに、少しずつ妹へ似ていってしまうんだ。半年も経たずに妹そっくりになったので、とても耐えきれず、やはり別れてしまったよ。

ただ不思議なことに、彼女たちは別れた後、ひと月ほどで元に戻るんだ。

だから妹が最後に言った、「ずうっと一緒に居る方法を見つけた」という言葉が繰り返し思い起こされて、もう妹は生きていないかもしれない、付き合う恋人には、死んだ妹がとり憑いているんじゃないか、そんな風に考えるようになってしまった。

それでも、一年ほど経つと、どうにも好きな人ができてしまって、最初は怯えながら付き合い始めたんだ。だけど、今度は半年以上経っても、妹に似てくる気配がない。用心してしばらく一緒に暮らした後、やっと安心して彼女との結婚を決めたよ。

最初は幸せな結婚生活だった。だけど妻が妊娠して、もう俺が逃げられなくなったところで、また妹そっくりに変わっていってしまったんだ。

だけどもしかしたら俺は、妹を見捨てたという罪悪感で、頭がおかしくなっているだけなのかもしれない。誰にも相談できないけど、昔から妹を知っているお前なら、本当に妹に似ているのか、俺のただの幻覚なのか、判断してもらえると思ったんだ。

だから教えてくれ、ここに写っている俺の妻は、妹そっくりに見えないか？

瀬川さんはそう話すと、富田さんの前に一枚の写真をスッと差し出した。

写真には、綺麗な女性が微笑みながら写っている。どうやらこれが奥様らしい。

「妹さんとは、まるで似ていないよ」と富田さんが答えると、「そうか、似ていないか。

よかった、単なる俺の思い込みか……」と、瀬川さんは安堵の表情を浮かべた。

そして、「変な話を聞かせて申し訳ない。でも、古い付き合いのお前がそう言ってくれたからホッとしたよ。考えたら、お茶のひとつも出さずにすまなかった。ビールでも飲んで乾杯しよう」と言うと、彼は席を立って、キッチンのほうへ消えていった。

リビングに一人残された富田さんは、とてもではないが、生きた心地がしない。

というのも、外出しているはずの奥様は、ずっと富田さんの前に立っているのだ。

瀬川さんが話し始めるとほどなく、部屋の奥から女が静かに姿を現した。そして、喋り続ける彼の後ろに無言で立ち、大きなお腹を撫でながら、富田さんのほうをジッと睨んでくる。友人は一切気付かないまま話し続けるのだが、背後に立つ女性は、話に出てくる通り、妹にそっくりの顔立ちである。だから写真を見せられた時、富田さんはすっかり怖くなって、「まるで似ていない」としか返事ができなかった。

二人きりになると、女は富田さんの前に置かれた椅子へ座り、記憶の中にある妹さんそっくりの口調で、「お久しぶりです、富田さん」と顔を寄せて話しかけてきた。

私ね、お兄ちゃんと一緒にいられる方法を見つけたつもりだった。

でもやっぱり、赤の他人なんかじゃダメね。この女も用が済んだら捨てるつもり。

私はこれから、この身体で、自分にそっくりの可愛い女の子を産むの。

そしてお兄ちゃんは、生まれてきた私をずっと大切にして、生涯一緒に過ごすの。

さっきは、似ていない、と言ってくれてありがとう。

でもこの先、お兄ちゃんに変なことを吹き込んだら、その時は、殺すからね――。


女はそう言うと、静かに席を立って、再び椅子の後ろに立った。

ほどなくビールとグラスを持った瀬川さんが席に戻ってきたが、相変わらず彼は後ろに立つ妻に気付く様子もなく、笑いながらビールを注いで談笑してくる。

その間もずっと睨み続けられている富田さんは、味のしないビールを飲み干すと、引き留める友人を残し、早々に家を辞した。以降、何度か遊びに誘われたが、二度と瀬川さんに会うことはなく、再びSNSだけの付き合いへと戻っていった。

今では連絡も取り合わない富田さんだが、それでもSNSを通じて、瀬川家に可愛い女の子が無事誕生したこと、奥様は産後半年ほどで病死してしまったこと、シングルファーザーとして、幼い娘を大切に育てていることは、よく知っているそうだ。

第三章

怪談マンスリーコンテスト
—怪談最恐戦投稿部門—

毎月のお題に沿った1000文字以内の実話怪談を募集、その月の最恐賞を選出する〈怪談マンスリーコンテスト〉。2020年の最恐賞を掲載する。

一月お題「帰省」

親孝行

卯ちり

都内で働く三十代の希さんは、実家の父親が入院したという連絡を受け、約三年ぶりに帰省した。

父親は自宅の庭で雪かきをしていた際に転倒して頭を打ったらしい。幸い大事には至らなかったものの、希さんの両親は還暦を過ぎた年齢である。これまで両親共に健康だっただけに、父親の入院は不安極まりなく、希さんは有休を取り、東北の豪雪地帯に位置する実家へ帰ってきた。

「お盆や正月は親戚付き合いがあるので、多忙を理由に帰省を避けていたんですよ。この年齢で独身、しかも一人っ子の身だと、肩身が狭くて。実家には定期的に電話していましたし、わざわざ帰らなくてもいいやと、のんびり構えていただけに、父親の入院は辛かったです」

母親の家事を手伝いつつ、病院を往復し、父親の代わりに雪かきをする。やることだらけで疲れてしまい、夜は早々にベッドに入り、久しぶりに戻ってきた実家の二階の自室にて、希さんはぐっすり眠っていた。

夜中に、部屋のドアノブをガチャリと回す音で目が覚めた。

耳をすますと、階段を下りていく足音が聞こえたので、母親が部屋を覗きに来たものと思い、希さんは再び眠りについた。

しかしその翌晩も、夜中にドアを開ける音がする。

「お母さん、どうかしたの？」

希さんが身体を起こしてみると、開けられたドアの隙間から、階段を下りていく赤いパジャマを着た子供の後ろ姿が目に入った。

（あっ）

希さんはベッドから飛び起きて、その子供を追いながら一階へ下りる。

一階のリビングにも台所にも子供の姿は見えなかったが、床の間には母親がひとり、布団を敷いて就寝している。

その掛け布団がもぞもぞと動き、母親とは別の膨らみが布団に現れると、母親が寝返りを打つ。

母親は寝相を変えながら、布団に入った何かを抱くように腕を回して自分に引き寄せて、気持ち良さそうな寝息を立て始めた。

それを見て、希さんはぽろぽろと涙を零《こぼ》したという。

「赤いパジャマ、私が小さい頃に着ていたものだから……きっと、あの子供って、私なんですよ。昔、二階の部屋で寝るのが怖くて、しょっちゅう夜中に母親の布団に潜り込んでいましたから」

父親の退院後も希さんは定期的に帰省するようになり、最近は介護や相続についても、両親と相談しながら良好な親子関係を築いているとのことである。

一月お題「帰省」

拒まれる

井川林檎

弟夫婦が両親と同居を始めて以来、年末年始は帰省しないことにした。

大晦日、会社の寮はいよいよ寂しくなった。

酒でも飲むかと思っていたら、インターホンが鳴った。同じ課のUさんだった。

「今夜は寮には、うちらだけだよー」

Uさんはコンビニの袋からビールやらつまみを出して並べた。

「なんで帰らないの」と、わたしは言った。早くもビールを一缶空け、Uさんは酔っていた。

「帰る家がないの」

Uさんは言った。

＊

五年前、Uさんは田舎に帰省しようとした。けれど、できなかった。

「電車に乗って、故郷まで行こうとした。×駅で降りたら実家はすぐだから。でも」

どういうわけか、電車が×駅で停まらない。

「最初は乗り間違えたかと思った。駅を行き過ぎたと判ったら、すぐ降車し、再度、×駅に向かう電車に乗った」

だが、どの電車も×駅に停まらない。

車掌を捕まえて、この電車は×駅に停まるはずでしょうと抗議してみたら、「さっき停車しましたよ」と言われたという。

そんな馬鹿な、とUさんは憤慨した。

Uさんは何度も電車を降りては再び乗り、×駅で降りようと試みた。

しかし、気づいた時には、もう電車は×駅を通過しているといった有様で、どうしても目的地にたどり着けなかったそうだ。

「まるで、故郷に拒まれているみたいだった」

Uさんはついに別の駅で降り、そこで宿を求めた。

実家に電話をしたが、なぜか誰も出ない。

今日帰省するはずだったから心配しているだろうという焦りもあり、Uさんは電話をかけ続けた。

真夜中の0時頃、電話にやっと人が出た。

「●町で泊まってる。明日はそっちに行くから」

Uさんは言った。

「あ、U、分かったよ」

電話に出たのは母親だった。

＊

「あくる朝、テレビをつけたら、ニュースで火事が報じられていた。木造二階建てが全焼、住人は皆、連絡がつかないと」

Uさんはビールを飲みほした。酔った目は妙に冷静だった。

「わたしの家だったの、それ」

＊

もしあの日、×駅で降車し、実家に帰省していたら、Uさんも火災に巻き込まれていた。

「それにしても電話に母が出てくれた時刻、うちは燃え盛っている最中だったはずなんだよね」

突然のUさんの打ち明け話に、どう反応したら良いか、わたしは戸惑った。

除夜の鐘が、ごうんと厳かに鳴り響いた。

二月お題「食べ物」

強制フルコース

菊池菊千代

浩輔さんは中学時代、テルキさんという同級生を集団でいじめていた。

「デブで内気で……モゴモゴ何言ってるか分かんねぇ奴でした」

たくさん酷いことをしたという。暴力やパシリはもちろん、横断歩道で信号待ちする姿を見かければ車道に突き飛ばした。

「なかでもヤバイのは……」

各々持ち寄った何かを食べさせる〈強制フルコース〉だという。

体育館裏で正座するテルキさんへ、友人Aが何かを差し出す。そして高級店のウェイターの様な上品な口調で、

「前菜の〈その辺の雑草〉です。ドレッシングとして雑巾の絞り汁をかけております」

「うっわ！　キッ！」

場が盛り上がる。

拒否すればどうなるか分かっているテルキさんは黙って口に運ぶ。

続いて浩輔さんが、

「メインディッシュの給食の余りの焼き魚です」

テルキさんだけ魚類が出る日は代替品が出るため、彼の魚アレルギーは皆が知っていた。

歓声が上がる中、完食。

「明日ブツブツできるの楽しみだな！」Ａが笑った。

最後に友人Ｂが、

「スイーツです」

白い物を渡し、学校前の交差点を手で差す。

「あちらにあったお供え物の大福です」

「マジか！」一同が沸く。

そこでは前年〈カワムラアサミ〉という女学生が交通事故で亡くなっていた。

大福を一口。

途端、テルキさんの顔が赤らむ。

「うぉうぉうぉうぉ」

足を正座の形に保ったまま、上半身を後ろにのけぞらせた。

そして、まるで背泳ぎのように腕を下から上へ回して下ろす。

数秒ののち、彼は勢いよく立ち上がると、言葉を失う集団を横目に真顔で立ち去った。


翌朝、彼は化粧をして登校してきた。

「テルコです！　ヨロシクぅ～」

湧く教室。彼は一日でいじめられっ子から人気者へと変わったという。

「俺らも手を出しにくくなったというか……」

近寄りがたかった。

給食の際、彼が余った魚をおかわりする姿を見て、一同は恐怖を覚えた。

「話すと確かに〈テルキの時〉もあるんだけど……半分は別人でした」

代表して友人Aが行動に出た。

廊下を歩くテルキさんの後ろから声をかける。

「アサミさん！」

一瞬、硬直。

……が、歩き直して立ち去った。


翌朝の朝礼で、Ａが亡くなったと知らされた。

信号待ちの間、まるで背中を押されたかの様に車道へ飛び出し、大型車に轢かれたらしい。

犯人は捕まっていない。


それから十余年。

現在、テルキさんは〈アサミ〉という源氏名で地元のバーで働いている。

「いまだにトラウマっすね」

浩輔さんは信号待ちの際、先頭には立たない様にしている。

三月お題「卒業」

パチンコときつねうどん

ミケとーちゃん

会社員のＡさんは、若い時にたまたま大勝ちをしたのを切っ掛けにパチンコに嵌《はま》った。

独身で母親と二人暮らしというある種の気軽さもあり、五十代の初めまで三日にあげずにパチンコを打つ生活を続けてきた。

勝ったり負けたり、というものの、給料もわずかなボーナスも結果的にはすべてパチンコですってしまい、少額ではあるが消費者金融に手を出したり、母親に二万、三万と無心することもあった。

このままではいけないと、パチンコをやめようとしたことも一度や二度ではなかったが、禁煙と同じで一週間ともたなかった。

勝ち負けに関係なく、台のハンドルを握らなければイライラして体調まで崩す始末だった。

もはや依存症のレベルであることを自覚しながらもやめることができない。

そうした危機感も、勝つと消えてしまうのだった。


その日は一年に、いや数年に一度というくらいに調子が良かった。

大当たりが止まらず、通路を塞がんばかりにドル箱が積み上げられた。

勝てる時に勝てるだけ勝っておく、というセオリーを頭に、ハンドルを握る手にも力が入る。

そんな時、ポケットの携帯が震えた。

母親が倒れたという病院からの連絡だった。

たまたま見つけた近所の人が救急車を呼んでくれたらしい。

すぐに行きます、と答えたものの大当たりの連チャンは止まらない。

こんな大勝ちはこの先二度とないかもしれないと思うと、大当たりの続く途中で台を捨てることはできない。

全身から脂汗《あぶらあせ》が吹き出し、身体が震えだした。

精神のバランスが崩れてしまう恐怖が迫る。

ふと、台のガラスに映りこむ人影が目に入った。

あまりの出玉に何人か野次馬が集まってきたのだろう。

その端にひと際小柄な人影があった。


「おふくろだったんです」


Aさんは直感的に母親が亡くなったことを悟ったという。

怖い顔で睨みつけているのだろうと思ったが、にこにこと微笑んでいる。

「子どもの頃に見た優しいおふくろの顔だったんです」

Aさんは涙と鼻水でぐしゃぐしゃになりながら、ごめん、ごめんと謝った。

やがて大当たりは止まった。

後日、勝った金で借金を清算した。

わずかに残った小銭で、母親が好きだったきつねうどんを食べたという。

母親の遺影にパチンコをやめることを誓ったAさんは、以来一度もパチンコをしていない。

四月お題「植物」

指

影絵草子

大分昔になるが、高科さんという高齢の女性からこんな話を聞いた。

「私が養子に貰われた家の話なんですけど。指をね、植物の種みたいに埋めるんですよ」

は？　と私が言うと、説明が足りなかったと申し訳なさそうに一から話す。

その家では、死ぬとなぜか故人の指、それも片方の親指を切る。

切って埋める。

埋めるのは庭にある祠の下の決まった場所。

庭といっても敷地は広大であった。

「金持ちだったんですね。平たく言うと」
「だった」という言い方に少し疑念を抱えつつ、話の続きを聞いた。

曾祖父が亡くなり、日を置かず今度は曾祖母が逝った。
死因は老衰。
苦しまず死ねたのが何よりと親族は喜んだが、やっぱり指を切る。
切られた指はしばらくホルマリンに浸けて保存される。
それから二十九夜寝かせて三十日目の朝に親族一同集めて埋める。
子供の彼女は黙ってそれを後ろから見ている。
父母は大切な行事だからと言うが気味が悪い。
花でも咲くのかな、と子供心に思ったという。

しかしその後。
頭巾を被った女と子供、二人の人物が家に泊まりにきた。

なぜか家族は彼女らに敬語を使い、崇めるような扱いをする。

よく来てくれました。

今年も助かります。

彼女たちは一つの部屋に籠ったきり出てこない。

何をしているのかもわからない。

ただ、手を繋ぐように組まれた女と子供の手は、親指を除いて真っ黒だった。

どれくらい経ったのか。

二人のいる部屋に夕餉を運ぶ家政婦が、「終わりました」と集まった親族一同に伝えた。

その瞬間、皆がホッとした顔をしていたのを覚えている。

そして女と子供は帰るのだが、来た時とは打って変わって誰も見送りはせず、人知れず静かに二人は帰って行く。

流石《さすが》にあとはつけなかったというが、その日は丁度三十日目の朝だった。

そしてまた親族が亡くなるたびに、指を埋める行事が執り行われる。

しかし、ある年に亡くなった親族の指は、親指だけが真っ黒に染まっていた。

祖父は、

「これでは使えん。今年は不作だな。皆、覚悟しとけよ」

そう意味ありげなことを言って、その年は指を埋めなかった。

死人が出ることもなかったが、祖父が言うように不作が続き、やがて戦後すぐにその家は没落してしまったという。

指を埋めるという行為からして、何らかの意味ある祭事だろうと思うのだが、なんとなく花の種を埋める姿を連想させ、私は面白く聞いた。

が、未だ知らぬその家の闇がある気がして、それに安易に触れることは某《なにがし》かの禁を犯すことに同意だと思った次第である。

五月お題「土地」

タケウチさん

井川林檎

老人ホームに勤めていると、いろいろな利用者を見る。出身地域によって、人の気質が違う。土地柄の違いをつくづく感じる。

中でも、山奥のX集落出身の年寄りは変わっている。
常に笑顔で、こんなに好ましい利用者はいないと思われる。
ところが施設での滞在が長くなるにつれ、おかしな部分が出る。
ある言葉に対して過剰に反応するのだ。

「山の神様」
「二番目の子」

この言葉は、X集落出身にはタブーだ。

ある利用者は、「山の神様」という言葉が耳に入った瞬間、顔色が白くなった。一瞬呼吸が止まったのだ。仰天した職員が看護師を呼んできた時には、息を吹き返しつつあった。

またある利用者は、職員同士の雑談で「うちの二番目の子」という会話が耳に入った瞬間、立ち上がり、隣の利用者に掴みかかった。三人がかりでおさえつけて部屋に連れていった。すぐに落ち着いて「あれえ、わし、そゆことしたけ、気の毒な」と人当たりよく微笑むのが、かえって不気味だった。


特定の言葉に異様な反応を示す、X集落出身の利用者。

「一体なんででしょう」

何度か古い職員に聞いたことがあったが、みんな決まって、

「お土地柄よ。その土地によって、あるじゃない」

と、意味深に言うのだった。

*

この間の夜勤時、X集落出身のAさんが泊まっていた。

日常動作はほぼ自立していて、ほとんど手のかからない人だった。

真夜中、巡回のあと持ち場に戻ると、暗いホールにAさんの姿があった。喉が渇いたのでお茶を、と言われたのでお出しすると、美味しそうに飲んだ。

「ここにタケウチさんはおる？」

と、Aさんは言った。「いいえ」と答えると、ほっとしたようだった。

同じ集落の人ですかと伺うと「そいがよ。どっか施設にいるはずやちゃ」と言われた。

そして、表情を一転させた。

「二番目の子を集落の外に出して生き延びさせてしまったが。神様に捧げんといけんがに。タケウチの家のもんとは誰も口きいちゃいけんがやちゃ」

Aさんは歯をむき出して、一瞬、顔つきが獣のように変わった。

＊

今は廃屋が並ぶその土地で、異様な風習があったのかもしれない。

後日、今まで施設を利用したX集落出身の利用者の経歴を調べてみた。

偶然だろうか。

X集落出身は何人もいるのに、誰も、次男、次女ではなかった。長男長女、三男、四女、五男という人もいた。

奇妙なことに、二番目だけがいない。

なにか、ぞわっと寒くなった。

六月お題「ペット」

泥人形

影絵草子

谷君という方に聞いた話。

同級生に、ここでは四谷とするが、変わったやつがいた。
いつも誰とつるむでもなく、一人でいるようなやつだった。
谷君はそれを不憫《ふびん》に思い、ある日、四谷に話しかけてみた。
話してみるとなかなか面白いやつで、谷君の知らないことをたくさん知っている。

たとえばキノコや山菜のとれる場所。
駄菓子の当たりを見分ける方法。
趣向を凝らした悪戯。

ある日、四谷は面白いものを見せると言い、彼を連れて神社の裏手にある雑木林にやって来た。

「あそこ」

四谷の指さすところを見ると、サークルのような陣が地面に描いてある。

なんだろうと思っていると、「見ててみな」と言って、指をパチンと弾いてみせる。

すると驚いた。

昨日の雨でぬかるんだ地面から、泥の塊《かたまり》が少しずつ集まってきて人の形を成したかと思うと、ぴょこぴょこと歩く。

でもあまり持たない。

泥の人形は数分歩くとすぐに元の泥に戻ってしまった。

それから、度々その場所を訪れたが、ある日、四谷が「内緒だよ」と言って囁いた。

「僕の服の中のお腹に手を当ててごらん」

谷君は言われた通り、四谷のシャツの下に手を入れてみた。

と、ズボッと入れた手が奥深くまで突き抜ける。

それは、まさに泥の感触。

潮干狩りで泥に手を突っ込むとあんな感触がする。

それに似ている。

手を引っ込め、まじまじと己の掌を見るが、泥などついていない。

四谷の服をめくっても、普通の人間のお腹があるだけ。

不思議そうに見ていると、どこか悲しそうに「またね」と言って帰ってしまった。

翌日、学校に行くと、仕事の都合で転校するため、四谷の両親が挨拶に来ていた。

が、当の四谷はおらず、なぜかお父さんが水槽を持っていた。

父親が虚ろな目で校舎を出ていく時、ちらりと見えた水槽の中に泥の塊が見え、それが、少し、動いた気がした。

あれはきっと四谷だったに違いない。

少なくとも谷君はそう信じている。

小学四年の夏のことだった。

七月お題「夏」

湖にある、海

卯ちり

准くんは小学生の頃、夏休みに家族でとある山にハイキングに訪れた。山中には大小さまざまな湖が点在し、遊歩道を歩きながら、透明度の高い湖水とブナ林の森林浴を楽しめる場所である。

その日は快晴で日差しが強く、外にいるだけで汗ばむ陽気だった。家族と遊歩道を歩きながら、手持ちの水筒に入っていたお茶を准くんはがぶがぶ飲んでいた。

しかし、お茶の飲みすぎですぐさま尿意をもよおしたので、トイレに行ってくる、と横に居る父親に告げ、准くんは屋外トイレを探して駆け出した。

あいにくトイレは見つからず、遊歩道わきの林で用を足した。

家族の元へ戻ろうとした時、その林の奥に、日差しを反射した水面が、キラキラと眩しくきらめいているのを見つけた。観光向けの地図には載っていない、小さな湖でもあるのだろうか。

その場所に行って見ると、目の前には白い砂、泡立つ波と、薄青い水。風には塩辛い匂いが混じっている。

（なんでここに、海があるんだろう……？）

ここは山の中だというのに、突如開けた視界に映るのは、真夏の入道雲と青空と、凪いだ水平線であった。数メートル先の海面には、赤いTシャツを着た男性が一人、バシャバシャと水飛沫を上げて泳いでいる。

（あの人、気持ち良さそうだなあ。僕も泳ごうかな）

准くんは誘惑にかられ、自分の服を脱ごうとする。すると、泳いでいた男性は大きく水飛沫を上げた後、海中へと姿を消した。

水音が消え、あたりは一瞬のうちに静かになる。

准くんは我に返り、まずは家族の元に戻らなきゃ、と思ったそうだ。

踵《きびす》を返し、林を抜けて、親のいた遊歩道に戻る。家族に先ほど目にした光景を嬉々として伝え、再び林の奥を訪れたが、先ほど見たはずの海を見つけることはできなかった。

「これは二十年以上昔の事だけど、今になって思い出したんです」

准くんは言う。

「あの時に見た、海で泳いでいた男性って、ひょっとしたら弟かもしれなくて」

昨年の夏、准くんは弟さんを亡くしていた。

弟さんは海で溺死したそうだが、海水浴中の事故なのか、あるいは自殺だったのか、わからないそうだ。

「というのも、弟は水着じゃなくて、赤いTシャツとジーンズの服装で見つかったんですよ」

弟の遺品の赤いTシャツを見た時に、准くんはかつて見た、海で泳いでいた男性の姿を思い出したのだそうだ。

「あれは弟の未来だったかもしれない。楽しそうに泳いでいるように見えたのは、弟の、溺れていた姿なんじゃないかなって」

八月お題「会社職場」

代講依頼

ふうらい牡丹

　美穂さんは、首都圏にいくつも教室を持つ大手の進学塾で事務員をしている。

　彼女が入社一年目に配属された教室で起きた話。

　その塾は夏期講習の時期になると、非常勤やバイトの講師、教室の掛け持ちをする講師が増えて朝から人の出入りが多くなる。美穂さんは講師の顔をなかなか覚えられなかった。

　早番で勤務をしていた日の午前中、常勤の講師が全員授業に出て、美穂さんが事務所で一人仕事をしていると電話が鳴った。

「代講でニシ先生をK駅前の教室にお願いします」

（あ、代講依頼だ）

　授業数が増加する夏期講習中は、近隣の教室まで代講の依頼が来ると教わっていた美穂さんは「かしこまりました」と電話を切った。すぐに非常勤講師が待機している待機室を見に行くと、面識のない男性の講師が一人座っている。

「ニシ先生ですか？」

その講師が顔を上げる。

「K駅前の教室まで代講お願いします」

「はい」

頷いて、さっと教室を出て行く彼の姿を見送りデスクに戻ったとき、美穂さんはK駅前には教室がなかったことに気づいた。この塾の教室数は多く、美穂さんも全て把握できているわけではなかったが、K駅は彼女も出勤に使う路線の駅なので知らないわけがない。

困惑していると、待機室から物音が聞こえる。また覗いてみると、今度は面識のあるバイトの講師が弁当を食べていて、美穂さんに気づくと（何か用ですか？）という表情を浮かべた。

美穂さんは嫌な汗が流れるのを感じた。つい先程話しかけた「ニシ先生」の顔を思い出せないいからである。

非常勤講師のタイムカードを置いているラックを見ても、「ニシ先生」の名前はなかった。

状況を理解できないままデスクに座っていると、昼休みになった教室から講師たちが戻ってくる。休み時間の喧噪が事務所にも溢れてきて、美穂さんは幾分か現実に引き戻されたような気持ちになった。

すると昼番の先輩事務員が出勤してきて、美穂さんを見るなり、

「大丈夫だった？」

と、聞いてきた。

どう答えていいかわからないまま先輩を見ていると、

「朝にK駅で人身事故があってずっと電車停まってたって聞いたけど、出勤できたのかなと思って。でも来れたんだね」

先輩は安心したようにそう話した。

美穂さんはその日、あの電話を受けるまでの記憶をいくら思い出そうとしてもまったく思い出せず、どうやって出勤したのかも覚えていなかった。

九月お題「病院」

昏い処置室

ミケとーちゃん

五十代の男性Aさんの古い記憶である。

三歳のときの話だから、昭和四十年代の終わり頃のことになる。

その日Aさんは、前日に行った縁日で買ってもらったおもちゃで遊んでいた。

プラスチックの透明な筒状の棒にビーズ大のカラフルな砂糖菓子が入っていて、筒の片方の先端に小鳥を模した笛が付いた幼児用のおもちゃだった。

中のお菓子が無くなれば後はただ笛をピーピーと鳴らすしかない。

すぐに飽きたAさんは、笛の方を持ち手にして剣のように振り回して遊んでいたという。

そのうち筒の先がどこかに当たって割れてしまった。

しばらくそのまま遊んでいたが、三歳だったAさんは深く考えず、折れて尖り、竹槍のようになった方を口に咥えた格好で別の場所に行こうとした。

　座布団につまずいた次の瞬間、ザッ、という大きな音が頭の中に響いた。

「もしもあの時、正面真っ直ぐに倒れていたら、私は今ここにいないでしょう」

　尖った先端が上顎を突き破り眼球や脳を傷つけることだけは免れたが、上顎と喉の一部の肉を抉った傷口からは血が噴き出したという。

　驚いた母親はAさんを背中におぶり、数百メートル離れた町医者に駆け込んだ。

　待合室にいた先客たちから「先に診てもらえ」と叫び声が上がったという。

　その医院の老医師は腕のいい外科医と評判だったが、元軍医だということで怖く荒っぽいことでも有名だった。

　処置ベッドに寝かされたAさんは、顔を横に向けられ、口に太い指を入れられた。

　えずいて吐いてしまうと、出血に吐しゃ物が混じって息が苦しくなった。

　恐怖と痛みで意識が遠くなりそうだったという。

気づくと処置ベッドの周りに人が集まっていた。

狭く薄昏い処置室に溢れんばかりの人がいて、Aさんの周りを幾重にも取り巻いている。

全部で二十人ほどいるだろうか。

若い男性が多く、全員が暗い色の同じような服を着ている。その人たちもそれぞれ怪我をしているようだったが、皆心配そうに無言でAさんを覗きこんでいる。

医師と中年の女性看護師の横にもうひとり、白い割烹着《かっぽうぎ》のような服を着た若い女性がいて、Aさんの手を握り、もう片方の手でずっと背中を擦っていてくれた。

その手の感触は今でも憶えているという。

Aさんは、後年、その日の様子を何度となく母親から聞かされた。

怪我の経緯や酷さは記憶とほぼ同じだったが、あのとき、Aさんの他に処置室にいたのは老医師と看護師と母親の三人だけだったという。

十一月お題「村」

噂の廃村

音隣宗二

かつて大和さんの家の近くには廃村があった。近所の山に入り口があり、そこから三十分ほど登ると到着する。若者が出ていき、徐々に人が居なくなり廃村となった、ただの寂しい場所だ。だがそこに「女の幽霊が出る」という噂がどこからともなく湧いた。静かな片田舎の街に若者が集まり、週末は騒音が酷かった。

「本当に霊が奴らを呪ってくれたらな」そんな話を肴に酒を飲んだ帰り。走ってきた車が大和さんの少し前で停車した。

「オッサン。この辺に幽霊が出る村があるって聞いたんだけど」運転席から大学生くらいの青年が話しかけてきた。助手席と後部座席にそれぞれ若者が座っている。

「帰れ」と言うところだが、その時、大和さんの頭に悪戯《いたずら》心が芽生えた。

「あるけど、本当に行く気か？　あの村に行ってはいかん。女に憑き殺されるぞ」大和さんの深刻そうな顔と、ワザとらしい訛《なま》りに青年たちは馬鹿にした笑みを浮かべながら、

「ダイジョブ。ダイジョブ。俺たち、血気盛んな若者だし」

「そんな女がいるなら、俺たちが相手してあげますよ。きっと男に飢えてるだろうから」

下品な笑い声を残して、廃村の入り口に向かって走っていく車を見送りながら、

「何やってんだ俺は」と大和さんはひとり呟いた。

次の日の朝、大和さんは廃村の入り口に向かった。

捨てられたゴミを掃除するのが習慣になっていたのだ。昨日の若者たちの車がまだ止まっていた。

「あ！　昨日のオッサン！」ゴミを拾っていると上から声がかかった。

見ると例の若者三人がこちらに降りてくる。助手席に座っていた青年が何かを背負っていた。鼻が曲がりそうな臭いがした。

「あ！　彼女？　上で偶然会って」大和さんの視線に気づき、そう言う彼の背中に乗っていたのは腐った鹿の死骸だった。まったく状況が理解できない。

「あれ起きたの！」ふいに一人が死骸に話しかけた。

何も聞こえない。だが三人は本当に人間のように話しかけ、イヤらしい手つきで体を撫でている。

蟲《むし》の湧いた死骸を背負う人間。腐った体をまさぐる手。冗談でも正気でもできることではない。

その光景と臭いに大和さんは吐き気を覚え、戦慄した。

「じゃあ俺ら、これから村でお楽しみの続きがあるんで」

そう勝ち誇ったようにニタリと笑いながら、横を通り過ぎていく。

車に向かう間も、彼らは鹿の死骸に嬉々と話しかけていた。

大和さんが知る限り、その廃村で起こった妙なことはそれ一回きりである。

◆収録出演者プロフィール

伊山亮吉（いやま・りょうきち）
【風来坊】というコンビで芸人として活動する傍ら、渋谷怪談夜会ｃｈの出演などで着々と怪談話の実力を身に付け、二〇一九年には怪談ＤＶＤ『怪奇蒐集者 伊山亮吉』が発売される。骨折で入院した際には病院で嬉々と怪談取材を始めるほどの怪談オタク。

おおぐろてん（おおぐろてん）
校内ＴＶ放送を任された小学生の児童会長時代から心霊番組を制作。伝説の格闘ゲームのキャラクターデザインやイラスト、アニメ・ゲームの映像プロデュースに留まらず、演出絵コンテ、漫画執筆、ゲーム開発を手掛けるマルチクリエイター。

神原リカ（かんばら・りか）
鳥取県境港市在住。二〇一四年より「妖怪の町の怪談師」として活動を始め、県内外の各種イベントで実話系怪談を語る。自らも怪談会を主宰するなど、精力的に活動し、同時に地元の怪異・怖い話を収集。

ガンジー横須賀（がんじー・よこすか）
二十歳から火葬場に勤務。その後芸人になるため上京、べっこちゃんというコンビ結成。有田哲平MC有田ジェネレーション出演、鈴木おさむMC冗談騎士出演、ビートたけし特番ビートたけし独立してマージン分ギャラ下げるからあと2回やらせてＴＶ出演など。

シークエンスはやとも
一九九一年、東京生まれ。お笑い芸人。殺人の目撃をきっかけに、幼少期から現在に至るまでさまざまなお化けを毎日のように見てきた男。著書に『ヤバい生き霊』、『霊が教える幸せな生き方』。

匠平（しょうへい）
怪談ライブバー・スリラーナイト専属怪談師。怪談師としてデビューしてから、これまで七二〇〇ステージ以上怪談を語っている。著書に『北縁怪談』『実話ホラー 闇夜の訪問者』『実話ホラー 幻夜の侵入者』。

女子高生怪談師あみ（じょしこうせいかいだんし・あみ）
心霊学園三年怪談部副部長皿屋敷あみこと、女優を目指している長谷川晏巳。シークエンスはやとも、青柳マコトと一緒に怪談イベント「怨路地」を主催。キャッチフレーズは「ドスドス！」。

心霊ホスト 青柳マコト（しんれいほすと・あおやなぎまこと）
心霊ホスト青柳マコトこと、映画監督・夏目大一朗。シークエンスはやとも、女子高生怪談師皿屋敷あみと一緒に怪談イベント「怨路地」をやっている。キャッチフレーズは「あなたの守護霊になりたいな」。

田中俊行（たなか・としゆき）
オカルトコレクター。幼少の頃より奇怪な物や怪談話が好きで集めはじめる。独特の口調と表情から醸し出される怪談の数々は要必聴。ツイッターはtwitter @tetsu_gamon

中山功太（なかやま・こうた）
大阪府出身。浪花の正統派ピン芸人。R-1ぐらんぷり2009優勝、歌ネタ王決定戦2015優勝、OKOWA二代目王者。

南条（なんじょう）
怪談と白米が好き過ぎる語り手。怪談最恐戦は2年連続出場。怪談のライブ配信を毎週、2年以上継続中。

ハニートラップ梅木（はにーとらっぷ・うめき）
心霊スポットソムリエ。お笑い芸人。最初はライブのネタ集めで心霊スポットへ赴いていたものの気がつけば怪異の魅力にどっぷり。YouTubeチャンネル「水曜日の怪談」にて週一のペースで心霊スポットへ。高城オカルト倶楽部MOP二度受賞。

ぱんち（ぱんち）
YouTubeチャンネル「カイダン。」怪談語り部。旅人怪談師。昔は怪談が大嫌いだったのだが、ある時を境になぜか怪談に開花。二十四時間怪談動画を流しながら生活する奇行を起こす。海外生活や沖縄での経験を生かし、日本の怪談のみならず世界の怪談を収集。

宮代あきら（みやしろ・あきら）
東京在住の会社員。怪談への情熱が溢れ、二〇二〇年の夏に自ら怪談師になる。日常に潜む恐怖を好み怪談を収集している。怪談虎の穴で初舞台を踏み、只今絶賛邁進中。

Ｍｅｇ★す（めぐす）
小さな頃から怖い話が好きでオカルト全般好きになる。怪談はここ数年どハマり中。聞きに行く内に自分も語りたくなって今に至る。怪談イベント「Ｍｅｇす怪」主催。

夜馬裕（やまゆう）
怪談師／怪談作家。三代目怪談最恐位。全国各地を巡りながら、四半世紀以上集め続けた怪談は一〇〇〇以上。厭な話と猫をこよなく愛する。怪談蒐集、映画鑑賞、酒場巡りがライフワーク。怪談師ユニット「ゴールデン街ホラーズ」としても活動。著書に『厭談 祟ノ怪』、共著に『高崎怪談会 東国百鬼譚』『現代怪談 地獄めぐり 業火』など。

◆怪談マンスリーコンテスト　執筆者プロフィール

卯ちり（うちり）
実話怪談の蒐集を二〇一九年より開始。怪談最恐戦2019東京予選会にて、怪談師としてデビュー。二〇二〇年の怪談マンスリーコンテストでは二度最恐賞受賞。ブックレビュワー、イベントレビュワーとしても活躍中。

井川林檎（いかわ・りんご）
介護福祉士。今、自分に見えているものは、ほんの一部に過ぎない。現象の奥に蠢くなにかを、感じてみたい。あと、好物はバナナとカレー。

菊池菊千代（きくち・きくちよ）
岩手県在住。参加共著に『実話怪談 犬鳴村』。趣味は映画鑑賞で、去年の年間ベストは『劇場』。一番好きなホラー映画は『ファニーゲームUSA』。

ミケとーちゃん（みけとーちゃん）
地元に根差した活動を続ける怪談作家ひびきはじめが、初心に立ち返り二〇二〇年、怪談マンスリーコンテストに覆面参戦。最恐賞を二度、佳作を三度受賞。二〇一七年「怪談琵琶湖一周」をアマゾン・キンドルより自主リリース。

影絵草子（かげえぞうし）
関東在住。別名マシンガンジョー。怪談や奇譚を幅広く収集し、話数は一〇〇〇以上。主にYouTube、ツイキャス、ニコ生などの配信で怪談を語る。活動実績　高崎怪談会年末SP／マンスリー二冠及び優秀作品賞受賞。

ふうらい牡丹（ふうらい・ぼたん）
大阪在住。普段は落語家をしておりますが、実話怪談については話すよりも書く方が好きです。共著に『怪談四十九夜 茶毘』『実話怪談 樹海村』。

音隣宗二（おとなり・そうじ）
東京都出身。趣味は映画鑑賞。読書。平均身長、平均体重。最近フィルムカメラデビュー。一回くらいは心霊写真を撮りたい。参加共著に『実話怪談 樹海村』。

怪談最恐戦2020

2021年2月4日　初版第1刷発行

編者　怪談最恐戦実行委員会
発行人　後藤明信
発行所　株式会社 竹書房
〒102-0072 東京都千代田区飯田橋2-7-3
電話03(3264)1576(代表)
電話03(3234)6208(編集)
http://www.takeshobo.co.jp
印刷所　中央精版印刷株式会社

定価はカバーに表示しています。
落丁·乱丁本の場合は竹書房までお問い合わせください。

ISBN978-4-8019-2539-7 C0193